Karel Klostermann

und die Geburt des Böhmerwaldes

Veronika Faktorová
Michal Hořejší

Herausgegeben mit freundlicher Unterstützung
des Deutsch-Tschechischen Zukunftsfonds.
Vydáno s laskavým přispěním Česko-německého
fondu budoucnosti.

**Deutsch-Tschechischer
Zukunftsfonds**

**Česko-německý
fond budoucnosti**

Das Werk entstand im Rahmen des Forschungs-
und Entwicklungsprogramms RVO 68378068
des Instituts für tschechische Literatur der Akademie
der Wissenschaften der Tschechischen Republik

Rezensiert von
Anna Kolářová, M.A.
Mgr. Martin Tomášek, Ph.D.
Mgr. František Martínek, Ph.D.

ISBN 978-3-947171-56-9

Inhalt

NEJSLAVNĚJŠÍ ROMÁN
KARLA KLOSTERMANNA
ZE SVĚTA LESNÍCH SAMOT

REŽIE:
M.J. KRŇANSKÝ
HLAVNÍ ROLE:
BLANKA VALESKÁ KATY
VL. BORSKÝ LUIZL
AL. TŘEBOVSKÝ HAJNÝ
JAN SVOBODA ZLODĚJ
MARLIS GINALSKÁ ZDENKA
EM. SEDLÁČKOVÁ NANY
J.O. MARTIN REVÍRNÍK
KAREL MÁCHA ADJUNKT
MONOPOL:
BEDA HELLER FILM.

Vorwort zur deutschen Ausgabe

Das Waldrauschen, liebe Leserin, lieber Leser, erzeugt eine einzigartig melancholische Stimmung. Karel Klostermann verstand es, dieser Stimmung Ausdruck zu verleihen und dem Wald im wahrsten Sinne des Wortes eine „Stimme" zu geben. Mit seinen dichten Beschreibungen und schicksalshaften Erzählungen des Böhmerwaldes gewann er eine breite Leserschaft, die den Schreiber kaum noch vom Beschriebenen trennen mochte. Veronika Faktorová und Michal Hořejší zeigen hier, dass diese starke Bindung Klostermanns an die Region ein festes, teils unhinterfragtes Bild der Böhmerwaldnatur geschaffen hat. Es lohnt sich daher, ihn wieder für mehr als nur einen Naturbeschreiber zu halten und seine Texte für neue Interpretationen zu öffnen.

Dieses Buch hat eine dokumentarische Funktion, die über ein bloßes Darstellen hinausgeht. Die im Rahmen einer Ausstellung zusammengetragenen Texte und Gegenstände geben Aufschluss über die Stimmungen im damaligen Diskurs um Klostermann und seine Person. Sie zeigen, wie sehr sich Wahrnehmungen von Wald und Wildnis und das Leben darin verändert haben – und wie sie in Klostermanns Werk zugleich bewahrt oder sogar erst „geboren" wurden.

Anstatt eine abgeschlossene Geschichte zu erzählen, verstehen die Autor*innen Klostermanns Texte als beständiges Rauschen im Hintergrund, das bis heute das Bild des Böhmerwaldes prägt. Dabei wird eine Art parallele Geschichtsschreibung sichtbar: Die Geschichte des Waldes lässt sich in Literatur und Erinnerung ebenso ablesen wie in den Jahresringen des Holzes. Beide sind Archive, beide geben Auskunft über Veränderungen. Was wir heute als „Natur" oder „Wildnis" verstehen, ist Ergebnis solcher Referenzen, wie etwa die Beschreibung des Sturms von 1870.

Sie, liebe Leserin und lieber Leser, sind hier eingeladen, Klostermann neu zu interpretieren und eine andere Perspektive auf den Böhmerwald und seinen bekanntesten Autor einzunehmen. Doch wie kann man Klostermann heute lesen und wie kann man ihn anders lesen? Diese Fragen stellen sich vor allem unter dem Gesichtspunkt, dass eine Übersetzung Klostermanns ins Deutsche eine historische und ökologische Schwere mit sich trägt.

Klostermanns Literatur ist keine klassische Heimatliteratur mit idyllischen Bildern, und auch das Genre der Abenteuerliteratur greift zu kurz. Treffender erscheint „Schicksalsliteratur": Natur und Mensch wechseln sic als Protagonisten ab, der Wald wird zu einer rauschenden Gesamtheit, die alles Wirken einschließt. In dieser Poetik spricht nicht nur der Autor über den Wald – der Wald spricht zugleich durch ihn. Diese Verschmelzung von Stimmung und Stimme macht Klostermann aktuell, denn Fragen nach Wandel und Beharrung sind heute, im sogenannten Anthropozän, drängender denn je.

Klostermann selbst entzog sich vereinfachten Zuschreibungen. Er sah sich weder als deutscher noch als rein tschechischer Autor. Für ihn war die erzwungene Wahl nationaler Identität wenig hilfreich für eine Grenzregion, in welcher er mit beiden Sprachkulturen aufwuchs. Was damals jedoch als „unpolitisch" galt, erscheint heute als politische Haltung: das Beharren auf einer offenen Identität, die sich nicht von Nationalismen bestimmen ließ. Er verstand sich als Böhmerwäldler – eine Verortung, die ihn heute als europäischen Autor lesbar macht.

Allerdings bemühten sich, damals wie heute, nur wenige gesellschaftliche Akteure Klostermanns Werk zu übersetzen. Erst das Engagement eines Übersetzers und eines Verlages machte zentrale Werke für die deutschsprachige Leserschaft zugänglich; viele Texte sind weiterhin unerschlossen. In der bayerischen Grenzregion erschwert das anhaltende Ausbleiben von Tschechischunterricht ebenfalls den Zugang. Umso wichtiger ist diese Übersetzung von Veronika Faktorová und Michal Hořejší: Sie beginnt eine Lücke in den Klostermann-Studien zu schließen und eröffnet eine Lesart jenseits nationaler Grenzen, die stärker das Verbindende des Böhmerwaldes in den Blick nimmt.

Das vorliegende Buch will dazu beitragen, Klostermann neu zu lesen, neu zu interpretieren. Es zeigt, wie tief literarische Beschreibungen in kollektive Vorstellungen eingehen und historische Brüche überdauern können. Es beleuchtet die Beharrungskräfte von Naturbildern und lädt ein, diese kritisch zu hinterfragen. So schlägt es eine Brücke zwischen dem tschechischen und dem deutschen Kontext, in denen Klostermann unterschiedlich erinnert wird. Gerade im deutschsprachigen Raum, wo sein Name weniger präsent ist, eröffnet diese Übersetzung die Möglichkeit, an einem Diskurs teilzunehmen, der im Böhmerwald bis heute lebendig ist: jener um die Bedeutung des Waldes und das Leben mit ihm.

Markus Rudolfi

Karel Klostermann und die Geburt des Böhmerwaldes

Vor gut 100 Jahren starb der „Schriftsteller des Böhmerwaldes" Karel Klostermann (1848–1923). Aus diesem Anlass haben wir eine Austellung veranstaltet und ein Buch geschrieben, die die Rolle dieses Autors in der Gegenwart beleuchten. Dieses Ziel haben wir uns gesetzt, als wir feststellten, dass unser Bild von der Persönlichkeit Karel Klostermann und seinem Werk überraschend stark unsere tschechische Vorstellung vom Raum Šumava (Böhmerwald) prägt. Mit unserem Buch, das auf Deutsch erscheint, möchten wir Klostermann zurückholen aus dem Bereich der Ideologie in den Bereich der Interpretation.

Wir möchten jedoch nicht nur alternative Interpretationen bieten, wenngleich wir das natürlich tun, sondern vor allem das Phänomen Karel Klostermann für neue Sichtweisen öffnen. So möchten wir letztlich auch den Blick auf die Geschichte dieser Berglandschaft im Kontext der gegenwärtigen Verwaltung der gesamten Region auflockern. Der Böhmerwald, dessen Gebiet seit dem Jahr 1991 überwiegend Teil des größten Nationalparks Tschechiens ist, ist Gegenstand langjähriger und stark politisierter Auseinandersetzungen nicht nur auf dem Gebiet des „Naturschutzes", sondern auch identitärer Art. Deshalb ist Karel Klostermann auch einer der wenigen Autoren des 19. Jahrunderts, denen wir immer wieder in Schulbüchern und Sammelbänden zur Literaturgeschichte begegnen. Er wird häufig gelesen, erlebt und mit dem Ort verbunden, welchem er sein literarisches Werk gewidmet hat.

Dieses Buch trägt den Titel *Karel Klostermann und die Geburt des Böhmerwaldes*. Mit dem Begriff Geburt möchten wir Klostermann in erster Linie von der Vorstellung eines plötzlichen Niedergangs der ursprünglichen Urwälder des Böhmerwalds nach 1870 lösen, welche sich, wie wir festgestellt haben, vor allem durch den Mediendiskurs und die daraus folgende spezielle Lesart von

Klostermanns Texten gefestigt hat. Der Begriff Geburt soll aber auch darauf hinweisen, dass die Entstehung und Rezeption von Klostermanns Romanen und Erzählungen in eine Zeit fällt, als der Böhmerwald nach und nach Teil des tschechischen Nationalgebiets wurde – für Böhmen begann buchstäblich seine Geburt.

Im Rahmen der einzelnen Themenbereiche stellen wir Karel Klostermann als besonderes Kultur- und Literaturphänomen des letzten Drittels des 19. Jahrhunderts vor, mit dem sich eine Reihe zeitgenössischer Phänomene verbindet. Aus Sicht der Kulturgeschichte verfolgen wir die Rolle seiner Texte im Prozess der touristischen Entdeckung dieses Berglandes ebenso wie in der Etablierung des tschechischen Verhältnisses zum Grenzgebiet, welches im 19. Jahrhundert zum sprachlich gemischten Raum gehörte und dessen Vergangenheit von verschiedenen historischen Umwälzungen geprägt wurde. Diese Rolle Klostermanns, welche darin besteht, dass er als „Dichter des Böhmerwaldes", „Apostel der Versöhnung zwischen Deutschen und Tschechen" und gleichzeitig als Nationalschriftsteller dargestellt wird, spiegelt sich deutlich in Klostermanns Begräbnis in Pilsen im Jahr 1923 und in der darauf folgenden lebendigen Rezeption seiner Texte in den verschiedenen Medien und Genres, wie auch den Filmen und Erinnerungsobjekten.

Aus Sicht der Literaturgeschichte konzentrieren wir uns hauptsächlich auf die Profilierung der populären Rezeption und die gezielte kommerzielle Orientierung des Literaturbetriebs. Wir möchten deutlich mehr als eine bloße Präsentation von Leben und Werk Karel Klostermanns. Der Schriftsteller und sein Werk sind für uns ein literarisches Feld, in dem es zur Etablierung der Autorenrolle und seiner allmählichen Kanonisierung kommt. In diesen Prozess greift eine Reihe von Akteuren ein – an erster Stelle Klostermanns einziger Verleger J. R. Vilímek und die zeitgenössische Literaturkritik. Unsere Ausführungen zeigen so im Detail, welche Strategien der Verleger und auch der Autor selbst mit den Publikationen verfolgten, wie sie untereinander über ihre Ansprüche und

1789 starker Sturm gefolgt von der Ausbreitung des Borkenkäfers

ca 1800 Bau der Flößerkanäle und Beginn der systematischen Förderung

nach 1820 starker Sturm gefolgt von der Ausbreitung des Borkenkäfers

1838 Entstehung von J. Buquoys Urwaldreservat Hojná voda (Heilbrunn)

1841 Adalbert Stifter publiziert den Roman Der Hochwald

1858 Entstehung des Schwarzenberger Urwaldreservats Boubin (Kubani, Kubany)

nach 1860 Holz wird durch die günstigere und effektivere Kohle verdrängt, die Förderung wird zurückgedrängt

1870 starker Sturm gefolgt von der Ausbreitung des Borkenkäfers

1877 Fertigstellung der Eisenbahnstrecke nach Železná Ruda (Böhmisch-Eisenstein)

1878 der erste tschechischsprachige Reiseführer durch den Böhmerwald von T. Cimrhanzl

1883 Gründung des Deutschen Böhmerwaldbunds

1884 Gründung der Národní jednota pošumavská (Böhmerwald-Nationalvereins)

1888 Gründung des K českých turistů (Klub tschechisc Wandertouristen

1891 Herausgabe des Romans Aus der Wel der Waldeinsamkeit in einer Zeitschrift

1800 1850 1900

1926 erscheinen Klostermanns Erinnerungen Morgenröte meiner Jugend

1931 Josef Váchal gibt sein Buch mit dem Titel Šumava umírající a romantická (Der sterbende und romantische Böhmerwald) heraus

1933 Gründung des Urwaldreservats Trojmezná hora (Bayrischer Plöckenstein)

1938 Umsiedlung der tschechischsprachigen Bevölkerung des Böhmerwaldes ins Landesinnere

1945 Aussiedlung der deutschsprachigen Bevölkerung des Böhmerwaldes auf deutsches Gebiet

2007 Der Orkan Kyrill

2008 Festjahr für den Schriftsteller Karel Klostermann

2023 vor 100 Jahren starb Klostermann

1950 **2000**

1924 Eröffnung der Klostermann-Hütte in Modrava (Mader)

um 1995 Anfänge massiver Borkenkäfervermehrung

1990 Öffnung des Grenzgebiets des Böhmerwaldes

1991 Gründung des Nationalparks Böhmerwald

1999 Gründung des Spolek Karel Klostermann – spisovatel Šumavy (Verein Karel Klostermann – Schriftsteller des Böhmerwaldes)

1963 Gründung des Landschaftsschutzgebiets (CHKO) Böhmerwald

1999 Bürgerblockade gegen die Rodung auf der Trojmezná hora (Plöckenstein)

1948 Entstehung des Grenzstreifens

Vorstellungen verhandelten, zum Beispiel was die Honorare oder Änderungen der Titel angeht, um die Attraktivität der Werke zu erhöhen. Ein wichtiger Akteur ist für uns auch der Leser. Im Falle Klostermanns kann sogar von einer stabilen Leserbasis gesprochen werden, welche nicht nur die Popularität des Schriftstellers festigt, sondern sogar motiviert ist, den Böhmerwald durch das Prisma seiner Werke kennen und schätzen zu lernen.

Soviel zur Geschichte. Im Mittelpunkt unserer Ausstellung steht jedoch auch die Gegenwart, d.h. die Kultivierung des vorhandenen Diskurses über den Böhmerwald. Wir versuchen daher auch das etablierte Bild von Klostermanns Werk als Erinnerung an die Umweltkatastrophe neu zu bewerten. Unsere Kritik fußt dabei nicht nur auf der Konfrontation mit den eigentlichen Texten des Schriftstellers, sondern auch mit dem gleichzeitigen Wissen über die Dynamik des Bergfichtenbestandes im Böhmerwald, welche gut belegt, dass der damalige Waldverfall nach dem „Klostermann-Sturm" im Jahr 1870 für das Leben in den Wäldern des Böhmerwaldes keinen beispiellosen Wendepunkt bedeutete, sondern Teil seines ökologischen Profils sind (Morgan et al. 1994).

Karel Klostermann hat sozusagen eine konkurrenzlose und bis heute immer wieder in ihrer Bedeutung erneuerte Darstellung des Böhmerwaldes mit geschaffen und etabliert. Im tschechischen Kontext ist dieses Bergland eine Landschaft, von der absolut das gilt, was der klassische Denker Simon Schama über eine Landschaft, das Verhältnis ihres Raums und das Erinnern definiert. Nach Schama existiert keine „von der Kultur unberührte Landschaft" (Schama 2007: 8). Der Böhmerwald, ein Gebiet der bedeutsamen Naturqualitäten, welche Ende des 19. Jahrhunderts erstmals definiert wurden, wurde zum „Text, in den die Generationen ihre sich wiederholenden Vorstellungen schrieben" (ibid: 11). Klostermanns Böhmerwald kann man daher als Mittel der Erkenntnisarchäologie betrachten, es verbirgt in sich nämlich viele Bedeutungsschichten, welche ergiebige Quellen tschechischer kultureller Vorstellungen, Stereotypen und auch Institutionen sind, „mit denen wir bis heute leben" (ibid: 15). Eine solche Institution ist zum Beispiel der Naturschutz oder die nationale Identität; wir schützen die Wildnis des Böhmerwaldes gerade so, wie sie von Klostermann definiert wurde, der Schriftsteller ist die Garantie des Böhmerwaldes als Ort der Erinnerungen (Halbwachs 2009 [1952]). Dies ist zwangsläufig Teil der Bildung der kollektiven Identität – das Bergland wird dank Klostermann zum Teil des Kanons von Orten der Erinnerung, durch ihre Vermittlung verstehen wir, wer wir Tschechen sind.

Die kollektiven Orte der Erinnerung, an die konkrete Gemeinschaften mit starken Emotionen gebunden sind (Maur 2006: 148), sind logischerweise Gegenstand politischer Verhandlungen ebenso wie kommerzieller Nutzung. Der touristisch exponierte Böhmerwald, welchen wir auf den Pfaden Karel Klostermanns durchwandern können, wo wir uns an der Landschaft von der Klostermann-Aussicht bei Srní (Rehberg) erfreuen, zu Mittag essen in der Klostermann-Hütte in Modrava (Mader) oder Souvenirs dem Klostermann-Aussichtsturm auf dem Javorník (Jauernig, vormals auch Johannisberg) kaufen – all das sind ideale Räume für verschiedene emotionale Projektionen und Gelegenheiten für Geschäfte. Den Böhmerwald als „Gebiet zwischen verschiedenen semantischen Feldern" (ibid: 19) zu zeigen – das ist das Anliegen unserer Ausstellung wie auch der begleitenden Publikationen.

Terra incognita – terra nuova

„An der neuen Brücke endet auch der Karel-Klostermann-Lehrpfad, welcher von Rokyta (Weitfäller Filz) nach Srní (Rehberg) führt. Die neue Brücke wurde an der Stelle gebaut, wo sich schon zu Karel Klostermanns Lebzeiten eine kleine Brücke über die Vydra (Widra) befand. Der Schriftsteller des Böhmerwaldes nutzte diese Brücke tatsächlich und konnte dank ihr seinen Lesern beschreiben, wie das Tal der Vydra (Widra) aussieht und was früher auf beiden

Seiten des Flusses geschah," schreibt der Internet-Touristenführer Kudyznudy.cz. Wenn auch der zitierte Absatz auf den ersten Blick banal erscheint – er lockt auf einen Ausflug durch das Tal des Böhmerwälder Flüsschens Vydra (Widra) und zeigt deutlich das gegenwärtige Verhältnis zum Schriftsteller, dessen Todestag nun schon mehr als hundert Jahre zurückliegt. Zwischen Karel Klostermann und der konkreten Region wird eine gegenseitige Verbindung präsentiert, der Autor schafft nicht nur Belletristik, die vom Böhmerwald inspiriert wurde, sondern er dokumentiert sogar eine Vergangenheit, sein „altes", ursprüngliches Aussehen. Diese Charakteristik versetzt ihn in eine spezifische Rolle.

Um den Charakter des Verhältnisses zwischen Karel Klostermann und der Identität des Böhmerwaldes zu verstehen, müssen wir zunächst die Lage dieses Berglandes in der tschechischen „nationalen Erzählung" rekonstruieren, das heißt wir müssen fragen, was dieses Gebiet vor Klostermann für Tschechen bedeutete.

Die Antwort ist überraschend einfach: Es bedeutete praktisch nichts. In die sich verankernde Erzählung der „tschechischen Nation" griff es nur als Teil eines Motivs ein, das sich bereits in mittelalterlichen Chroniken findet, das die Berge und Wälder im Grenzgebiet als undurchdringlichen Schutzwall sah, der vor dem Einfall von Feinden bewahrt. So heißt es zum Beispiel in der Chronik von Kosmas aus dem 12. Jahrhundert, dass „in Europa Germanien liegt, zu deren Ländern zur östlichen Seite sich ein weites Land ausbreitet, rundherum von allen Seiten mit Bergen eingefasst, die sich auf sonderbare Weise um das gesamte Land ziehen, so dass es aussieht, als würde ein zusammenhängender Berg das ganze Land umgehen und bewachen" (Kosmas, Tomek 1882: 3–4). Bohuslav Balbín schreibt in seinem Werk *Wissenswertes aus dem Böhmischen Königreich* aus dem Jahr 1683, dass „alte Schriftsteller diese Wälder kannten, die für ihre Größe und Länge bekannt sind: den Böhmerwald (Gabreta), der sich von der Region um Eger über das Pilsener Land und das

Land um den Prácheň (Prachin) bis zur königlichen Stadt Sušice (Schüttenhofen) zieht und Böhmen vom Vogtland, der bayrischen Pfalz und dem eigentlichen Bayern trennt" (Balbín, Businská 1986: 51).

Auch im 18. und zu Beginn des 19. Jahrhunderts bestand kein besonders großes Interesse für den Böhmerwald. Die erste Reisebeschreibung zum Böhmerwald in tschechischer Sprache, welche vom gebürtigen Klattauer (Klatovy) und Arzt Karel Slavoj Amerling verfasst wurde, entstand erst im Jahr 1835 und hatte lange keinen Nachfolger. Auch in der tschechischen Poesie oder Prosa wird der Böhmerwald in der ersten Hälfte des 19. Jahrhunderts nur sporadisch erwähnt. Ausführlicher wird er erst ab den 40er Jahren in der deutschsprachigen Literatur erwähnt, welche auch im tschechischen Kulturkreis häufig gelesen wurde. Vertreten wurde er durch Werke von den gebürtigen Böhmerwäldern Josef Rank und dem deutlich populäreren Adalbert Stifter (hierzu Maidl 2006). Über Rank heißt es, dass er dieses Bergland für die Literatur buchstäblich entdeckt hat (Maur 2006: 37–41). Für die deutschen Autoren war jedoch der Böhmerwald kein Schauplatz, an dem sich dramatische Naturverluste abspielten, und verständlicherweise auch kein mythologischer Grenzwall. Stifter sah ihn eher als tröstliches Naturrefugium, wo ein harmonisches Leben möglich ist, für Rank war es eine Landschaft, wo erstaunlicherweise auch Deutsche lebten.

Bereits um die Jahrhundertmitte wurde das wissenschaftliche Interesse am Böhmerwald geweckt, was zu einer Reihe wissenschaftlicher Veröffentlichungen, meist in deutscher Sprache, führte. Dazu gehörten Josef Wenzigs und Karel Krejčís geologisch bedeutendes Werk *Der Böhmerwald Natur und Mensch* (1860) und Heinrich Göpperts *Abhandlung über die Wälder. Skizzen zur Kenntniß der Urwälder Schlesiens und Böhmens* (1868). Auch die Reisebeschreibungen von Franz Hochstetter (1855) waren von wissenschaftlichem Nutzen.

In der tschechischsprachigen Belletristik begann der Böhmerwald erst ab dem Beginn der 70er Jahre des

19. Jahrhunderts intensiver thematisiert zu werden, zum Beispiel im Roman *Parnassie* von Alois Vojtěch Šmilovský oder in den Bänden von Eliška Krásnohorská oder Adolf Heyduk. Der Böhmerwald war für sie nach dem Vorbild der älteren Autoren eine undurchdringliche natürliche Grenze, die von Felsen und Wald gebildet wurde, bzw. eine idealisierte malerische Landschaft mit Alpencharakter. Eine prototypische Rolle nahm hierbei der Černé jezero (Schwarze See) ein, der auch touristisch am besten zugänglich war. Neben Literaten wie Neruda, Vrchlický oder Vlček fingen den Böhmerwald auch die ersten Fotografen ein, auf deren Aufnahmen dieser Ort als „jungfräuliche und romantische Wasserszenerie" präsentiert wird (Scheufler 2023: 8). Eine ähnliche Darstellung des Böhmerwaldes bevorzugte auch die erzählende heimatkundliche Publikation aus dem Verlag Otto *Čechy* (Böhmen) vom Anfang der 80er Jahre, deren erster Band überraschenderweise nicht Prag gewidmet war, sondern eben dem Böhmerwald: es erschienen bezeichnenderweise gerade in dieser Reihenfolge die Bände Der Böhmerwald – Die Moldau – Prag. Im Buch erschienen Beiträge einer Reihe tschechischer Schriftsteller, unter ihnen auch von der bereits erwähnten Eliška Krásnohorská, welche auch das Vorwort verfasste. Charakteristischerweise spricht sie im Band über den Böhmerwald als „landschaftliches Paradies" und „Schatzkammer teurer böhmischer kollektiver Erinnerungen", deren wichtigster Sinn es ist, ein „Wächter unserer Nation" zu sein (Šubert 1883: II). Der Böhmerwald wird in Ottos *Čechy* (Böhmen) als unverzichtbarer Teil des tschechischen Raums beansprucht, er ist eine uralte Grenze, die Tschechen und Deutsche strikt voneinander trennt. Die ästhetische Seite der dortigen Natur hat nicht nur für sich einen Wert, sondern ihr Wert besteht auch darin, dass sie die nationale Vergangenheit bewahrt, dass sie Zeuge lange vergangener Ereignisse ist und gleichzeitig eine Grenze zwischen „uns" und „ihnen" bildet.

In den allmählichen Prozess der Integrierung des Böhmerwaldes in das tschechische Kulturgedächtnis und den eigentlichen tschechischen Raum griff im Jahr 1870 ein spezielles Ereignis rein natürlicher Art grundlegend ein (Stibral – Faktorová – Hořejší 2024). Der Böhmerwald, ebenso wie das gesamte große Gebiet Böhmens und Mährens, aber auch Westeuropas, wurden Ende Oktober von einem gewaltigen Sturm heimgesucht, der massiven Baumbruch verursachte, gefolgt von einer starken Vermehrung des Fichtenborkenkäfers (siehe Shelhaas et al. 2003, Svoboda et al. 2012, Brůna et al. 2013, Čada et al. 2016, Brázdil et al. 2018). Ein besonderes Paradox, das zugleich die historische Abwesenheit einer Beziehung der Tschechen zum Böhmerwald belegt, ist dabei, dass ähnliche, wenn nicht stärkere Stürme mit Borkenkäferinvasionen im Böhmerwald regelmäßig auftraten, letztmalig zuvor in den 30er Jahren des 19. Jahrhunderts. Darauf verweist auch Klostermanns Freund Leopold Zeithammer im Buch *Šumava, kraj a lid* (Der Böhmerwald, Land und Leute), das in deutscher und auch in tschechischer Version zur Jahrhundertwende erschien: „bereits in den trockenen Jahren 1832, 1833 und 1834 gab es Stürme, die bedeutende Bruch- und Trockenschäden verursachten; dieses Bruchholz jedoch, da es nicht rechtzeitig verarbeitet werden konnte, verursachte eine allgemeine und fatale Vermehrung des Borkenkäfers, der in den Jahren 1835 bis 1840 die schönsten Fichtenbestände vernichtete" (Zeithammer 1902: 76). In der tschechischen Erinnerung findet sich keine Spur von diesen Katastrophen.

Die Ereignisse zu Beginn der 70er Jahre traten jedoch in einem neuen Kontext auf. Vor allem erhielten sie bedeutende mediale Aufmerksamkeit. Die zeitgenössische Publizistik widmete sich der Borkenkäferkatastrophe auf dieselbe Weise, wie wir das auch aus der jüngeren Vergangenheit kennen, als intensive Auseinandersetzungen um das Management des Fichtenbestandes in den Bergen des Nationalparks Böhmerwald erfolgten (siehe Hořejší 2022), als Thematik, die mit ihrer Außergewöhnlichkeit, Sensation und Emotionalität die Aufmerksamkeit von Lesermassen erregte. Auf den „am schlimmsten betroffenen" Böhmerwald stürzten sich die Redakteure der Prager Zeitungen, um über die „apokalyptische Vernichtung" der dortigen Wälder zu berichten. Ein besonders wirkungsvolles Bild zeichnete Servác Heller, der die „Käferkatastrophe" als eine Art Touristenattraktion darstellte, die eine ästhetische Anziehungskraft hatte und eine nationale Profilierung ermöglichte. Er fordert die Leser in seiner Reportage auf: „Eilt schnell her, wer noch das großzügige Bild des vergangenen Böhmerwaldes erblicken möchte, wer das gepriesene Werk der Natur beim Verfall durch die riesige Katastrophe sehen will! Wir verabschieden uns von unserem historischen, berühmten Böhmerwald" (Heller 1874: 425).

Die zeitgenössischen Artikel wecken Interesse für das Bergland, welches bereits langsam von einem neuen Ereignis ergriffen wurde. Es handelte sich um die Entstehung des Massentourismus. Der Böhmerwald wurde ab dem Beginn der 70er Jahre zum beliebten Ziel für Erholungsreisen, hierhin fuhren vor allem Stadtbewohner aus dem tschechischen Landesinneren in ihre Sommerhäuser oder auf Bergtouren. Der Ausbau des örtlichen Tourismus verflocht sich gleichzeitig mit einem zunehmend intensiven politischen Kampf um die Frage, wem das Gebiet gehört, eher den Tschechen oder den Deutschen. Eine Reihe von Regionen, zu denen auch der Böhmerwald gehörte, war zwar historischer Bestandteil des mittelalterlichen böhmischen Königreichs, im 19. Jahrhundert waren sie aber von deutscher Bevölkerung besiedelt. Die tschechische Politik beanspruchte jedoch dieses Gebiet auf Grundlage einer historischen Argumentation und versuchte es sich mit verschiedenen rhetorischen und praktischen Mitteln anzueignen. Ein wichtiger Eroberer des Böhmerwaldes war der tschechische Wanderer.

In die Besetzung des Böhmerwaldes mischte sich jedoch auch die Auseinandersetzung mit dem „gefräßigen Käfer". „Das kleine Käferchen" wurde in den publizistischen Artikeln regelrecht zum Feind der Nation, der Kampf gegen dieses knüpfte eine Parallele zum alten Kampf der Tschechen mit den Deutschen um den Raum des Vaterlandes. Gelänge es diesen zu gewinnen, würde der Böhmerwald „rein von Mördern!" (Heller 1874: 426). Hellers Paraphrase der Verse aus dem *Rukopis královédvorský* (Königshofer Handschrift), dem fundamentalen Werk des tschechischen nationalen Diskurses, verweist auf das feindliche Element, das das Land überschwemmt, aber ruhmreich besiegt wird.

Die Kandidaturen für tschechische politische Ämter, die Praktiken des Tourismus und die spontanen, unkontrollierbaren Naturereignisse, welche den Böhmerwald prägten, sind so eigentlich nur scheinbar unvereinbare Gegensätze. „Die Vernichtung", welche die Wälder des Böhmerwaldes ereilte, wurden nämlich zur Touristenattraktion und zum Motiv, welches die eigentliche örtliche Identität schuf. Neben den erwähnten publizistischen Werken trug hierzu in großem Maße auch das Werk Karel Klostermanns bei.

Es war Klostermann, der im literarischen Bild des Böhmerwaldes die Aufmerksamkeit von der Landschaft weg und zur Natur hinleitete. Und zwar hin zur Natur der bedrohlichen Elemente, hin zum Verfall und zur Zerstörung. Mit seinem Werk wurde das Bergland des Grenzgebiets zum Ort der undurchdringlichen (Ur-)Wälder, gefährlichen Moore und Sümpfe, aber auch zu Orten, wo Stürme und Borkenkäfer wüteten. Klostermanns Böhmerwald ist selten reizvoll oder malerisch, er wirkt eher melancholisch, bedrückend, bedrohlich oder sogar abstoßend. Seine prosaischen Helden müssen unaufhörlich Prüfungen bestehen und um ihr Leben bangen. Es ist eine Natur, in der für den Menschen, sofern er nicht zu den „Eingeborenen" gehört, praktisch kein Platz ist. Klostermann charakterisiert sie bezeichnenderweise als „Einöde", „Wildnis" oder „traurige Ebene".

Die Wildnis des Böhmerwaldes ist allerdings für den Autor zugleich auch eine Welt, die dem Untergang geweiht ist. Klostermann übernimmt das apokalyptische Narrativ der zeitgenössischen Publizistik – die Ereignisse des Jahres 1870 haben den „alten Böhmerwald" zerstört, seine Wälder sind gefallen und werden „nie mehr in ihrem alten Glanz aufstehen" (Klostermann 1894: 317). Die destruktiven Naturereignisse umrahmen dabei die sozialen und ökonomischen Umwälzungen der örtlichen Gesellschaft, welche aus Sicht des Erzählers ganz grundsätzlich und unumkehrlich sind. Das Bild der vergehenden Welt betrifft so nicht nur die ursprünglichen Urwälder des Böhmerwaldes, sondern auch ihre eigentümlichen Bewohner – die Holzfäller, Hirten, Wilderer und Schmuggler. Das Motiv der Umweltkatastrophe wie des sozialen Verfalls, das Klostermann zeichnet, verbindet sich im zeitgenössischen Diskurs vollständig mit dem Böhmerwald und wird fest etabliert. Es wird zum Beispiel auch allmählich in Gebrauchspublikationen aufgenommen, wie in Reiseführer, in denen der Schriftsteller als Autorität und Kenner der örtlichen Natur wie der gesellschaftlichen Verhältnisse zitiert wird. Dieses Profil pflegt er übrigens auch selbst aktiv – er beteiligt sich zum Beispiel an Vorträgen, Diskussionsrunden und Bildervorträgen, in deren Rahmen er beschreibt, welchen Böhmerwald er kennengelernt und erlebt hat.

Der Schriftsteller konnte die zeitgenössischen Leser von seinem Bild des Böhmerwaldes überzeugen, sie begannen es geradezu als attraktives Bild und unabhängig von seiner Belletristik zu betrachten. Im Nachlass des Autors findet sich eine Reihe von Briefen, deren Autoren Klostermann dafür bewundern, auf welch ungewöhnliche und zugleich präzise Weise er das Bergland „erfasst" hat. Sie schreiben, dass gerade seine Werke für sie zum Anlass für einen Besuch der Berglandschaft wurden. Der Anteil des Autors am Bild des Böhmerwaldes, bzw. am Repertoire dessen, was man in ihm finden und schätzen sollte, wird in einem Aufsatz aus dem Jahr 1918 in einer tschechischen Tageszeitung zusammengefasst. Dessen Autor verbindet bezeichnenderweise das Leseerlebnis, welches Klostermann stimulierte, mit der Entwicklung des Tourismus im Böhmerwald: „Klostermann hat zwar keinen einzigen Reiseführer verfasst, aber trotzdem hat er mit seinen Werken mehr für den tschechischen Tourismus getan als alle anderen unserer Schriftsteller … oftmals beschreibt Klostermann die schrecklichen baumlosen Hochebenen des mittleren Böhmerwalds, wo kein Getreide und nicht einmal Kartoffeln gedeihen, nur karge Vegetation, Schauplätze furchtbarer

Stürme und Schneestürme, die unglaubliche Massen von Schnee bringen, von Sümpfen und Feuchtgebieten durchzogene Ebenen ... und immer fand er in seinen Darstellungen neue Reize und Farbtöne wie auch Worte" (Kostinec 1918: 2).

Auch der alleinige Verleger des Autors J. R. Vilímek arbeitete mit der Bedeutung Klostermanns für die Einordnung des Böhmerwaldes in das tschechische kulturelle Gedächtnis. In Werbeprospekten seines Verlags präsentierte er den Autor als „Entdecker des Böhmerwaldes". Im Booklet zur Gesamtausgabe seiner Werke werden die Leser angehalten, den Schriftsteller als einzigen legitimen Belletristen dieser Landschaft zu sehen: „Wer eine einfühlsame Seele hat und für die Schönheit der Natur offen ist, kann sich kaum von des Schriftstellers herrlichen Bildern der wilden Schönheit der Natur loslösen. Klostermann hat den Böhmerwald für die tschechische Literatur mit der Feder des Romanschreibers erobert" (Prospekt des Verlags J. R. Vilímek, Archiv der Stadt Pilsen: 51/53, 4752).

Die Marketingstrategien, für die Vilímek übrigens bekannt war, verwendeten weitere Verbindungen, welche Klostermann und sein Bild des Böhmerwaldes noch attraktiver machten. Grafisch vervollkommnete Anzeigen für Klostermanns Prosa platzierte Vilímek häufig in die Nähe anderer Produktionen seines Verlags, welche buchstäblich das Massenpublikum attackierten. Klostermann fand sich insbesondere in nächster Nähe populärer Abenteuerliteratur, neben Romanen von Karl May, Jules Verne oder A. C. Doyle.

Wenngleich Klostermann seine Prosa eher nicht als Abenteuerliteratur konzipiert hatte, wurde sie doch ganz klar als solche angeboten und gelesen. Das beweisen einerseits die Reaktionen der Leser, welche dem Schriftsteller versichern, dass seine Bücher „die exotischen Früchte" ausländischer Prosa übertreffen (Brief von J. Machatý, Archiv der Stadt Pilsen: 4996, 53/124), aber auch Kritiken seiner wichtigsten Werke. Besonders die Trilogie *Aus der Welt der Waldeinsamkeiten*, *Im Paradies des Böhmerwaldes* und *Was wird aus den Kindern* (In neuer Übersetzung mit dem Titel: Die Erben des Böhmerwaldparadieses), welche insgesamt den Böhmerwald als ursprüngliche, jedoch schnell schwindende Welt von Waldeinöden repräsentierten, bewerteten die Rezensenten als sensationslüsterne Trivialliteratur, als billige Reißer voll mit „den drastischsten und leersten Effekten, unerwarteten Prügeleien, Unglücken, Selbstmorden, grauenvollem Herumirren durch den Urwald usw., mit denen die Handlung des Romans zahlreich gespickt ist, damit der Leser ... die Bücher nach dem Lesen der ersten vierzig Seiten nicht mehr weglegt" (Karásek 1893: 240). Der Kontext der Abenteuerliteratur unterstreicht die Bedeutung von Klostermanns Repräsentation des Böhmerwaldes – neben der natürlichen Wildnis treten auch Motive der Exotik und der Dramatik in diesem Raum auf. Das wenig bekannte Grenzgebiet fern ab der Zivilisation mit wilder Naturszenerie rief eine spannende Bühne für die internationale Abenteuerliteratur ins Bewusstsein, deren Boom mit dem Ende des Jahrhunderts ihren Anfang nahm.

Klostermanns Bild des Böhmerwaldes war attraktiv und kohärent genug, um andere, konkurrierende Darstellungen des Berglands in den Schatten zu stellen. Und entscheidend ist – gerade der Charakter dieses Bildes garantiert bis heute die Beliebtheit des Autors. Seine Produktivität wird auch dadurch bestätigt, dass er Teil verschiedener gesellschaftlicher Debatten ist. Diese speisen sich in erster Linie aus dem Umstand, dass in der Struktur von Klostermanns fiktiver Welt kein Platz für die nationale Frage ist. Der Schriftsteller ist in der nationalen Frage in seiner böhmerwälder Prosa unscharf, denn er akzentuiert die erwähnte Linie des Geschehens, das sich in der neu entdeckten Wildnis abspielt. Dieses Moment macht es heute möglich ihn als Vermittler zwischen Tschechen und Deutschen zu begreifen, als jemanden, der in den angespannten Nationalkonflikten Ende des 19. Jahrhunderts weise neutral blieb. Dabei wurde um den Böhmerwald erbittert gekämpft.

Zu seiner Zeit war der Böhmerwald, ein ethnisch deutsches Gebiet, das aber historisch zum Königreich Böhmen gehörte, Gegenstand eines heftigen politischen Kampfes zwischen tschechischen und deutschen Nationalisten, der erst Ende des Zweiten Weltkriegs beigelegt wurde.

Eine zweite Ebene ist die von Klostermann dargestellte Erzählung von der sich ereignenden „Umweltkatastrophe". Durch sie wird der Schriftsteller bis heute als Dokumentarist der plötzlichen Zerstörung der Jahrhunderte alten charakteristischen Natur der Landschaft gesehen. Die in die Umweltproblematik eingebettete Erzählung übertrug Klostermanns Autorität bis ins 21. Jahrhundert, vor allem mittels der jahrelangen Debatten über das nicht-eingreifende Management des Nationalparks Böhmerwald. Die Trauer des Autors um die Natur zum Ende des 19. Jahrhunderts lieferte paradoxerweise in diesem neuen Kontext gerade jenen Akteuren Argumente, die gegen ein Belassen der Natur im Nationalpark und gegen das Unterlassen aktiver forstwirtschaftlicher Maßnahmen sind.

Klostermanns Beschreibung der Folgen des großen Sturms von 1870, welche er auf der Erzählung von der alles verändernden Natur- und Sozialkatastrophe aufbaut, wirkt so heute als Grundlage für Interpretationen, die aus Sicht der heutigen Kenntnisse über die Dynamik der Wälder im Böhmerwald unrichtig sind und aus Sicht eines wirksamen Naturschutzes im Böhmerwald eher kontraproduktiv. Klostermanns „Vergängnis" war nämlich nur eines von vielen umfangreichen Störereignissen, von deren Wiederholung die eigentliche ökologische Identität des Bergfichtenbestandes im gemäßigten Raum abhängt. Der Sturm im Jahr 1870 wird im aktuellen wissenschaftlichen Konsens nicht als Katastrophe betrachtet, sondern im Gegenteil als unverzichtbarer Teil des Lebens im örtlichen Ökosystem.

Wenn wir uns das Phänomen Karel Klostermann hundert Jahre nach seinem Tod und hundertdreißig Jahre nach dem Erscheinen seines Romandebüts ansehen, so können wir gerechterweise feststellen, dass der Autor des Bildes vom Böhmerwald als „Welt der Waldeinsamkeiten" mit seinem Werk in ein Zeitalter eintrat, in dem der Böhmerwald buchstäblich eben in seiner Entstehung war. Er fand sich im Zentrum des tschechischen Interesses wieder. Er wurde

Teil des nationalen Diskurses, öffnete sich für den Massentourismus, weckte das Interesse der Publizistik und Belletristik, welche so attraktive Bilder von den Schönheiten der Natur vermitteln konnte.

Klostermanns Betonung der natürlichen und gesellschaftlichen Ursprünglichkeit des Raums erlaubte es ausserdem, den Böhmerwald dauerhaft als Gebiet ohne eingegrenzte Nationalgeschichte wahrzunehmen und so zum Beispiel die später folgende traumatisierende Geschichte der Aussiedlung der deutschsprachigen Bevölkerung wirksam zu verdrängen. Besonders in der Zeit nach der gewaltsamen Vertreibung der Böhmerwälder Deutschen Ende der 40er Jahre des 20. Jahrhunderts, aber auch während der Wiederentdeckung des Böhmerwaldes nach 1990 konnte nämlich das sentimentale Erzählen von der plötzlichen Vernichtung des ursprünglichen Urwalds, begleitet durch den Verfall der jahrhundertealten gesellschaftlichen Ordnung, zur ersehnten Basis für die Herausbildung sämtlicher folgender Beziehungen der Tschechen zum ausgedehnten Raum des Böhmerwaldes werden. Klostermanns Autorität erlaubte wiederholt zur Überzeugung zu gelangen, dass die tschechische Umreißung des umfangreichen Raums ursprünglich weit ins 19. Jahrhundert reicht und ermöglichte gleichzeitig das unbequeme Narrativ von der dunklen Geschichte des Zusammenlebens Deutscher und Tschechen gänzlich aufzuhellen.

Karel Klostermann ist nicht nur Belletrist, und auf keinen Fall ein verlässlicher Dokumentarist „des alten Böhmerwaldes", sondern er ist vor allem ein Garant von Identität, der bisher keinen wirklichen Konkurrenten gefunden hat. Deshalb verdient er ein hohes Maß an Aufmerksamkeit als einzigartiges Kulturphänomen, das nicht nur unsere Vorstellung von der Geschichte dieser umfangreichen Landschaft formt, sondern auch unausweichlich das Repertoire beeinflusst, über welches die gesamte Region verfügt.

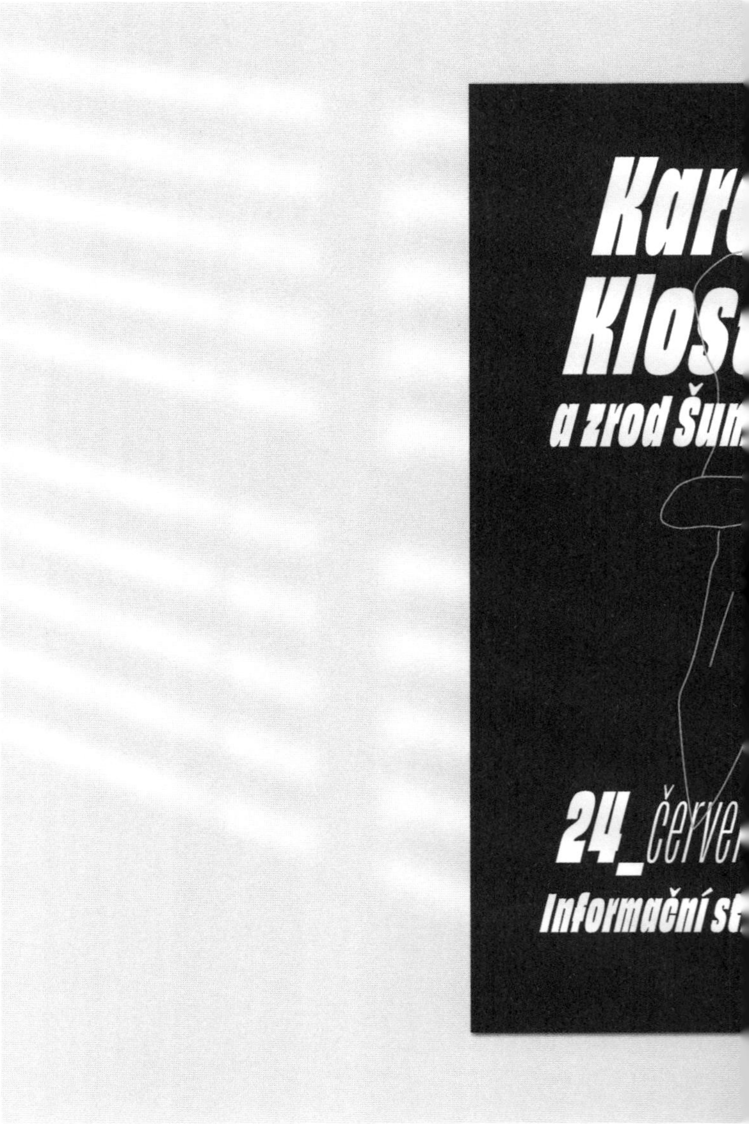
Kar
Klos
a zrod Šun
24_červe
Informační st

mann
_srpen
olední k_Šumava

/

Karel Klostermann – das Gedächtnis des Böhmerwaldes

Auch über hundert Jahre nach seinem Tod gehört Karel Klostermann noch nicht zu den Autoren des 19. Jahrhunderts, an die nur aus Anlass ihrer Jubiläen erinnert wird. Seine Anmerkungen sind lebendig und werden immer wieder in verschiedenen Formen und Bedeutungen aktualisiert. Seine Werke werden herausgegeben, Konferenzen werden über ihn veranstaltet, Straßen tragen seinen Namen und auf Ausflügen durch den Böhmerwald finden Besucher des Nationalparks zahlreiche Verweise auf seine Person und auch seine Texte.

Klostermann wurde bereits in den Anfängen seines Schaffens Dichter oder Schriftsteller des Böhmerwaldes genannt, der diese Landschaft entdeckt und getreu beschrieben hat.

Auch deshalb begreifen wir ihn heute als Autor, der die alte, vergangene Welt archiviert. Der dokumentarische Charakter, der seinem Werk zugeschrieben wird, versetzt den Schriftsteller in die Lage, ein Schutzschild der Vergangenheit zu sein. Seine Rolle als Schöpfer der historischen Dokumentation ist dabei entscheidend, denn sie generiert und erhält das Gedächtnis des Ortes, dessen Zugehörigkeit zum tschechischen Raum noch nicht lange dauert, nicht selbstverständlich ist und zudem mehrfach unterbrochen wurde.

„Der Schriftsteller des Böhmerwaldes" hat jedoch die Vergangenheit dieses Ortes nicht eingefangen, sondern geschaffen. Er konstruierte nämlich ein effektives literarisches Bild, das zur allgemein geteilten Vorstellung heranwuchs, wie der Böhmerwald sein soll und was man dort finden kann.

ŠUMAVA - SUŠICKO: Ve světě
Cestou z Modravy na Roklan

Die Welt der Waldeinsamkeiten – eine vom Werk Karel Klostermanns unabhängige Marke. Ansichtskarte mit dem paraphrasierten Romantitel *In der Welt der Waldeinsamkeiten*. Wanderweg auf den Roklan (Rachel), nach 1923.

Karel-Klostermann App-Führer für den Böhmerwald

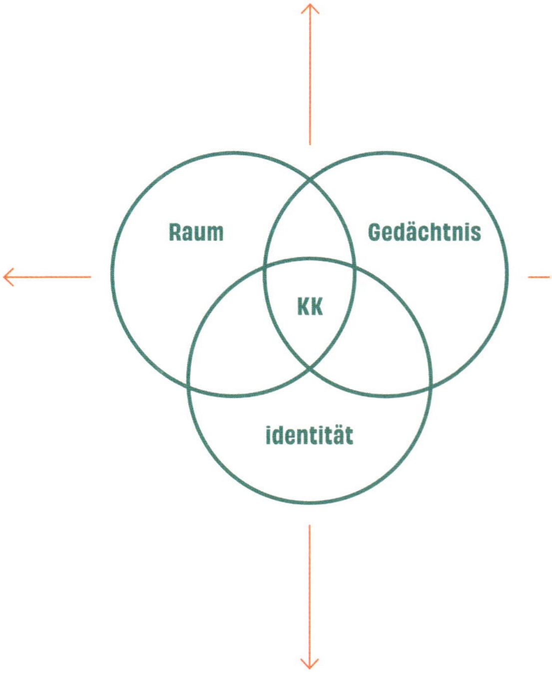

Der Schriftsteller und der zeitgenössische Tourismus: Klostermanns Bank in Zhůří (Haidl), Klostermanns Wanderweg in Javornik (Jauernig) und Tipps für einen Ausflug auf den Spuren des Böhmerwald-Dichters

→ Belletrist oder Dokumentarist?

An der neuen Brücke endet auch der Karel Klostermann-Lehrpfad, welcher von Rokyta (Weitfäller Filz) nach Srní (Rehberg) führt. Die neue Brücke wurde an der Stelle gebaut, wo sich schon zu Klostermanns Lebzeiten eine kleine Brücke über die Vydra (Widra) befand. Der Schriftsteller des Böhmerwaldes nutzte diese Brücke tatsächlich und konnte dank ihr seinen Lesern beschreiben, wie das Tal der Vydra (Widra) aussieht und was früher auf beiden Seiten des Flusses geschah.

Kudyznudy.cz, Tourismus Informationsportal

Fotoführer durch den alten Klostermann-Böhmerwald

Während dieser Ferien im Jahr 1857 führte mich mein Vater zum ersten Mal in unsere heimatlichen Berge und Wälder des Böhmerwaldes, nach Kvilda (Außergefild), nach Hrádky (Schlösselwald), auf den Hof meiner Schwester und nach Dolní Hrádky (Nieder-Schlösselwald), auf meinen heimatlichen Hof, den sein Bruder Václav bewirtschaftete, der letzte Vogt der ehemaligen freien königlichen Vogtei von Srní (Rehberg). Damals verbrachte ich jedes Jahr einen Teil meiner Ferien in dieser finsteren und doch so herrlichen Gegend, die mir ans Herz gewachsen ist, wie auch die einfachen, rauen Menschen, die meine Verwandten sind und mit denen ich auch später, in meinen Mannesjahren immer wieder gerne Zeit verbrachte.

KK, *Červánky mého mládí* (Morgenröte meiner Jugend)

Karel Klostermann (13. Februar 1848 Haag am Hausruck – 16. Juni 1923 Štěkeň / Steken), gebürtiger Österreicher, der den größten Teil seines Lebens in Pilsen verbrachte, wo er als Lehrer an einer Realschule arbeitete. Im Böhmerwald verbrachte er einen Teil seiner Kindheit und als Erwachsener die Sommerferien. Sein Vater hatte eine Arztpraxis in Sušice (Schüttenhofen) und in Kašperské Hory (Bergreichenstein).

Seine zum Teil im Böhmerwald verbrachte Kindheit reflektiert der Schriftsteller in seinen Erinnerungen *Červánky mého mládí* (Morgenröte meiner Jugend, 1926), die erst nach seinem Tod erschienen. Er stellt sich darin als mit dem Ort zusammengewachsenen Menschen dar. Dieser Ort wurde zu seiner wichtigsten literarischen Inspiration.

Wenn wir den Namen Klostermann hören, kommt uns sofort der Böhmerwald in den Sinn.

Der Grabstein auf dem Pilsener Zentralfriedhof thematisiert die Verbundenheit des Autors mit der Natur.

BÁSNÍK ŠUMAVY.

Vyslovíme-li jméno Klostermann, hned zatane nám na mysli Šumava. Tak srostla spolu obě tato jména, tak veliká je síla Klostermannova péra v jeho lásce k našim pohraničním hvozdům.

Klostermann se stal básníkem šumavské přírody, zosobněním kraje, s kterým srostl od svého dětství. Druhým domovem se mu stala krásná a drsná Šumava, kraj prostých sklářů, dřevorubců, myslivců, pytláků, dětí přírody.

Karel Klostermann narodil se dne 15. února 1848. Ke svým literárním pracím přistoupil až ve zralém věku s důkladnou přípravou a se životními zkušenostmi. Hned ve svých prvních knihách nezapřel pokrevního svazku s místy a lidem na Šumavě, jak je poznal, promyslil, procítil. Jeho knihy překvapily nejen pozoruhodnou malbou divoké přírody, ale i bystrými pohledy do srdcí prostých a rázovitých horalů. Klostermann cele zaujal čtenáře poutavým vypravováním o mozolné práci svých hrdinů, věrným líčením jejich osudů, zasazených do nádherného rámce šumavských zátiší.

Básník nám objevil Šumavu, která před tím byla pro nás neznámou zemí, Šumava našla svého básníka.

Později také život jihočeského sedláka, maloměstká společnost i shon velkoměsta zlákaly Klostermanna k vylíčení života v novém prostředí. Také romány z tohoto ovzduší uchvacovaly stejnou měrou jako jeho díla o Šumavě.

Klostermann mládeži. 1

Die Verbundenheit des Autors mit dem Raum übertraf bald den Rahmen seines Werks und dauert bis heute an. F. J. Čečetka, Vorwort zum Buch *Klostermann mládeži* (Klostermann für die Jugend), 1923

Der Schriftsteller als Argument für den tschechischen Anspruch auf den deutschsprachigen Böhmerwald. Der Klostermann-Aussichtsturm auf dem Javorník (Jauernig) wurde am 28. 8. 1938 vollendet.

Vor allem Eisenstein und das Tauser Land verdient immer die Aufmerksamkeit von tschechischen Touristen ... wir brauchen dringend einen ordentlichen, modernen Reiseführer für den Böhmerwald, Unterstützung haben die entsprechenden Verantwortlichen zugesagt, die Herren Prof. Klostermann, Cimmerhanzl u.a. Wir setzen uns für die Markierung der Wege ein, damit sich die Wanderer nicht unnötig verirren, und für die Einrichtung von touristischen Unterkünften. Wir verlangen, dass der Klub besonders tschechischen Studenten den Aufenthalt in den deutschen Gebieten des Böhmerwaldes ermöglicht, wo sich auch jemand mit perfekten Deutschkenntnissen nicht mit den örtlichen Deutschen verständigen kann.

Die Ausfahrtsversammlung des Klub českých turistů (Klub tschechischer Wandertouristen) in Pilsen verlangt die Entwicklung des „Tourismus im böhmischen Westen" unter der Obhut des Kenners des Böhmerwaldes, Klostermann. *Časopis turistů* (Zeitschrift der Wandertouristen), 1896

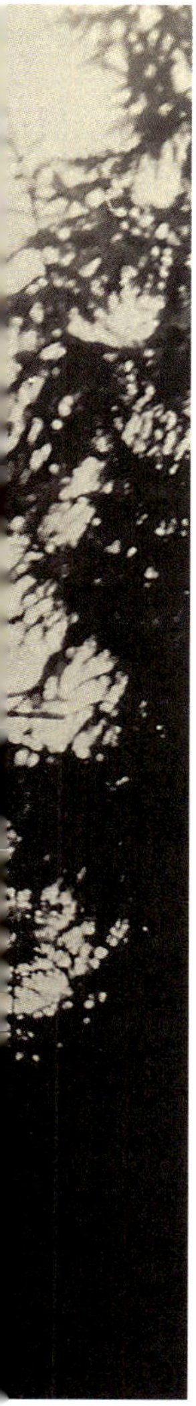

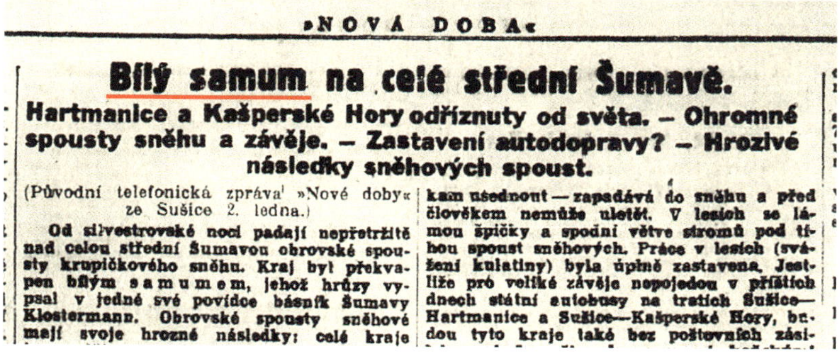

»NOVÁ DOBA«

Bílý samum na celé střední Šumavě.

Hartmanice a Kašperské Hory odříznuty od světa. – Ohromné spousty sněhu a závěje. – Zastavení autodopravy? – Hrozivé následky sněhových spoust.

(Původní telefonická zpráva »Nové doby« ze Sušice 2. ledna.)

Od silvestrovské noci padají nepřetržitě nad celou střední Šumavou obrovské spousty krupičkového sněhu. Kraj byl překvapen bílým samumem, jehož hrůzy vypsal v jedné své povídce básník Šumavy Klostermann. Obrovské spousty sněhové mají svoje hrozné následky: celé kraje ... **kam usednout — zapadává do sněhu a před člověkem nemůže uletět. V lesích se lámou špičky a spodní větve stromů pod tíhou spoust sněhových. Práce v lesích (svážení kulatiny) byla úplně zastavena. Jestliže pro veliké závěje nepojedou v příštích dnech státní autobusy na tratích Sušice—Hartmanice a Sušice—Kašperské Hory, budou tyto kraje také bez poštovních zási-**

Die Motive aus Klostermanns Prosa wurden Teil der Sprache, mit der über den Böhmerwald geschrieben und gesprochen wird. Zum Beispiel im Kontext außergewöhnlicher meteorologischer Ereignisse, wie etwa der arktische Winter im Jahr 1929. In diesem Zeitungsbericht wird der Titel von Klostermanns Kurzgeschichte *Bílý samum* (Der weiße Wüstensturm) verwendet.

Auf Klostermann als „Kenner" des ursprünglichen Böhmerwaldes wird auch in den Debatten über die Verwaltung der dortigen Wälder zurückgegriffen.

Ich stand vor der Wirtschaft auf dem Böhmerwälder Březník (St. Guntherberg) und beobachtete den verdorrten Wald rundherum. Die Fläche von toten Bäumen im Böhmerwald reicht schon über tausende Hektar. Den Urwäldern, wie wir sie zum Beispiel aus den Büchern Karel Klostermanns kennen, sind sie ganz und gar nicht ähnlich. Statt der rauschenden Riesen nur Baumstümpfe, seltsame Stille. Ist das wirklich, was sich jene Leute wünschen, die mit der Einrichtung von Urwäldern einverstanden sind? Tomáš Jirsa, Überlassen wir die Mythen ihrem Schicksal und sagen wir die Wahrheit, *Listy Písecka* (Blätter der Pisek-Region), 12. 9. 2006

Würden die Fachleute des NP Böhmerwald Klostermann lesen, würden sie feststellen, dass dort im Jahr 1870 10 Millionen Kubikmeter Holz dem Borkenkäfer zum Opfer gefallen sind, dass damals im Böhmerwald eine Katastrophe war und die Natur sich nicht allein geholfen hat!

Josef Vágner, Direktor der Safari in Dvůr Králové (Königinhof), Interview Den Wäldern droht eine Katastrophe, *Lidová demokracie* (Volksdemokratie), 1994

6. und 7. LVS vor allem in den künstlichen Fichtenmonokulturen, angelegt in den Jahren 18

das sehr schwer abschätzen, aber wir müssen uns einer Sache bewusst sein. Im Jahr 18

des Baumbruchs. Die Firmen suchen deshalb anderswo Vimperk (Winterberg) – Als im Oktober 18

in der zweiten Hälfte des vorigen Jahrhunderts waren schwere Stürme in den Jahren 1868 und 18

schon damals war der ganze Wald beschädigt. Die wirkliche Katastrophe ereignete sich im Jahr 18

Grantl 1846–1865, Jan Kolář 1865–1868, Václav Wolf 1868– 18

soll die Trilogie vollendet werden durch eine Publikation, die sich der Zeit zwischen 18

eine starke Vermehrung des Borkenkäfers erlebt – nach dem Baumbruch im Jahr 18

, welche sich eigentlich dem berüchtigten katastrophalen Sturm vom 27. Oktober 18

schwer einzuschätzen. Der Böhmerwald hat sich zum Beispiel auch nach dem Sturm im Jahr 18

auf der tschechischen Seite unterbrochen durch eine riesige Sturmkatastrophe im Jahr 18

Kolář 1865–1868, Václav Wolf 1868–1870, Matyáš Říha seit dem Jahr 18

eine grüne Oase ist und in den vergangenen Jahren vom Borkenkäfer umgeben war. Im Jahr 18

, seine ursprünglichen Wälder wurden vollständig zerstört durch den großen Sturm im Jahr 18

Karel Klostermann. Er beschreibt so authentisch den großen Sturm, der am 28. Oktober 18

so häufig. Die in Klostermanns Werken beschriebene Welt ist verschwunden am 26. Oktober 18

, die Folgen werden seiner Meinung nach hoffentlich nicht so schlimm wie im Jahr 18

schneidigen Berge. Den Wäldern des Böhmerwaldes geht es am schlechtesten seit der Zeit um 18

des Böhmerwaldes sollte diesen Fakt erneut beweisen, und das sogar sehr bald. am 25. Oktober 18

lese ich den Satz: „Hier entfalten sich mächtige Wälder, mit den Unwettern im Jahr 1860 und 18

zudem durchweicht von den ergiebigen Herbstregen. „Nach dem verheerenden Sturm im Jahr 18

der ursprünglichen Mischwälder des zentralen Böhmerwaldes vollendete im Jahr 18

im Böhmerwald. Die größte Verwüstung richtete er an nach dem großen Sturm im Jahr 18

Naturkatastrophe, den acht Stunden andauernden Sturm, der am 26. Oktober des Jahres 18

Quellen sprechen von einer Katastrophe mit von Menschen nie gesehenen Ausmass" im Jahr 18

Winkel des Böhmerwaldes hatte vor seiner Vernichtung, dem verheerenden Sturm im Oktober 18

Reste des Urwalds trug auch ein großer Sturm und später eine Borkenkäferinvasion im Jahr 18

der Menschen. Zum Ende des Romans wird der verheerende Sturm beschrieben, der im Jahr 18

nicht erwartet. In diesem Ausmaß gab es im Böhmerwald zuletzt nach dem Jahr 18

der Waldpflege. Die ersten, wenn auch nicht absichtlichen, waren schon im Jahr 18

Kyrill änderte das Aussehen von Teilen des Böhmerwaldes genauso, wie der Sturm im Jahr 18

Die herrlichen Bergfichten überlebten die schlimmste Borkenkäferinvasion der Jahre 1

Wald sehr ähnliche Gehölze). Allgemein bekannt ist die Sturmkatastrophe des Jahres 1

– 1890. In diesem Gebiet besteht laut Plan zur Pflege des NP die Pflicht umzustellen auf
schrieb Karel Klostermann über den großen Sturm, dieser zerstörte im Böhmerwald etwa
ein katastrophaler Sturm tausende Hektar Böhmerwald dem Erdboden gleich machte, ließ
, welche den Verlust von mehr als vier Million Kubikmeter Holz in den Urwäldern zur Folge
, als ein riesiger Sturm kam. Dieser entwurzelte mehrere Millionen Kubikmeter Holz.
, Matyáš Říha seit dem jahr 1870), kann wohl nicht als direktes Vorbild gesehen werden
bis 1915 widmet, die er zu Ehren des Geburtstags von Karel Klostermann herausgibt. Auf der
nach dem 1. und nach dem 2. Weltkrieg infolge der Vernachlässigung des Schutzes in
und seinen weiteren Folgen widmen, dem vernichtenden Borkenkäfer. Diesem verschwunden
verholt und nach dem darauffolgenden erholte sich der Wald an einigen Orten etwa 130 Jahre
, dem fast der ganze Böhmerwald zum Opfer fiel. Nach diesem Unwetter gründete man hier
), kann aber nicht als direktes Vorbild von Kořánov gesehen werden. Als Handbuch dienten in
gab es hier einen Sturm, das Holz wurde geräumt und es blieb eine kahle Fläche zurück.
und die folgende Borkenkäferinvasion. Die aktuell vorhandenen Fichtenmonokulturen sind nicht
in einer einzigen Nacht das Gesicht des Böhmerwaldes veränderte. Die Worte des
, als ein Sturm einen großen Teil der ursprünglichen Böhmerwälder Urwälder dem Erdboden
. Die Bäume liegen trotzdem überall, elektrische Leitungen sind zerrissen. Zumindest
. Der gegenwärtige Zustand, das ist keine ungewisse Entwicklung mehr – die Schadenstufe
im Böhmerwald gegen die gebrechlichen Monokulturen stemmte und stemmte sich ein Sturm
, und die darauffolgende Borkenkäferinvasion, allerdings deutlich ausgedünnt. Nirgends
und der anschließenden Borkenkäferinvasion wuchsen im Böhmerwald tausende Hektar
ein riesiger Baumbruch und anschließende Borkenkäferinvasion, nach der vom ursprünglichen
, welche die Fichtenwälder praktisch im gesamten zentralen Böhmerwald vernichtet hat.
drei Waldgebiete vernichtete bis auf den Grund und dem anschließend eine Borkenkäferplage
, als ein Sturm, vergleichbar diesem Orkan, im Böhmerwald Baumbruch verursachte, im Umfang
, seine eigentümlichen Normen, welche dem Autor nach in enger Verschränkung mit der Natur
und in den folgenden Jahren bei. Wären die kahlen Flächen damals nicht künstlich bewaldet
umfangreiche Flächen des böhmerwalder Waldbestandes vernichtete. Die Handlung
. Die letzte, viele Jahre diskutiert und ungewöhnlich lang andauernd, ähnelt ihr jedoch
nach einer riesigen Plage, die ungefähr 16 000 ha Wald vernichtete. Damals fiel zwar
. Für unseren Konflikt ist interessant, dass die Forstarbeiter damals gegen den Anflug
überlebten die Schwarzenberger und auch die Vojenské lesy (Forstwirtschaftlicher Dienst)
, nach der der Borkenkäfer kam, große Flächen wurden gerodet und neu bewaldet

1870, Klostermanns Jahr des „denkwürdigen Sturms", im Korpus der Medien- und Publizistiktexte aus den Jahren 1878–2010. Hořejší – Mocňák, 2016 (übersetzt aus tschechisch)

Klostermann gewidmete Denkmäler, Gedenktafeln und weitere Erinnerungen gibt es nicht nur auf dem Gebiet des eigentlichen Böhmerwaldes

Versöhnlichkeit × **Versöhnung**

Carl × **Karel** × **Karl**

Das „Karel Klostermann-Denkmal" in den Kašperské Hory (Bergreichenstein, 1973) als Beleg für die Bedeutung des Autors für die regionale Identität. Klostermanns Name in der Form des Dativs stellt nicht den Schriftsteller in den Mittelpunkt, sondern die Bevölkerung der Stadt.

Gedenktafeln des Vereins Karel Klostermann – spisovatel Šumavy (Karel Klostermann – Schriftsteller des Böhmerwaldes) in Haag am Hausruck und in Srní (Rehberg), beide aus dem Jahr 2005. Heyduks ursprüngliche Bezeichnung des Autors als „Apostel der Versöhnlichkeit" wird zu „Apostel der Versöhnung", sogar „Verständigung" geändert. Das Bild des Schriftstellers wird so vom Aufforderer zur gegenseitigen Verständigung zwischen den Ethnien eines Landes zum Initiator der grenzüberschreitenden Zusammenarbeit verschoben. Neue Zeiten, neue Bedürfnisse.

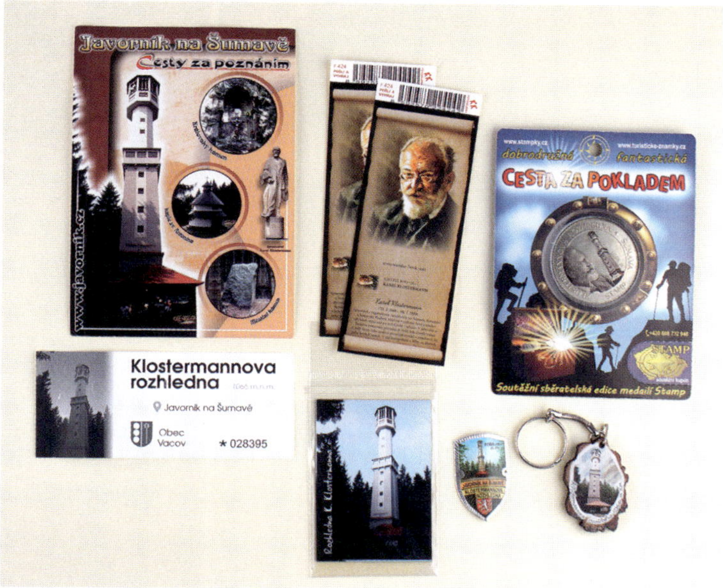

Klostermann-Souvenirs vom Aussichtsturm auf dem Javorník (Jauernig)

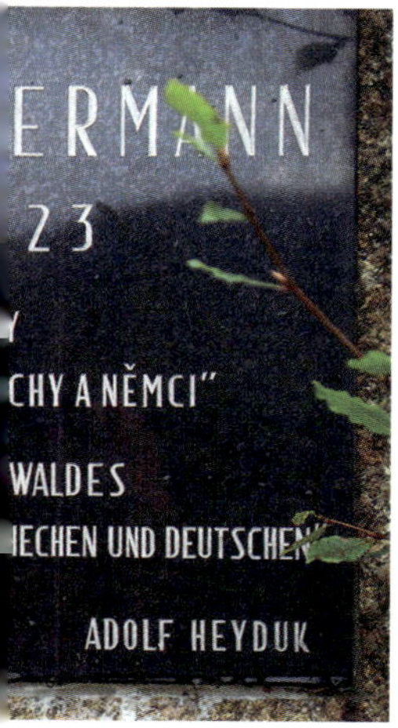

Ein Herz „für Karel Klostermann" an der erneuerten Hauswälder Kapelle

Einsamkeit am Wald – die Welt der Waldeinsamkeiten, eine Szene aus einem beliebten tschechischen Film. Unter der Regie von Jiří Menzel

Hier weht einem der Klostermann unmittelbar entgegen.

Na samotě u lesa (Die Einsamkeit am Wald), 1976

2

Zwischen Wildnis und Vergängnis

Karel Klostermann bot für seine Zeit ein gänzlich einzigartiges literarisches Bild des Böhmerwaldes. Ein Bild, das auf Wildnis und Undurchdringlichkeit fußte. Ein Bild, das sich im Kontrast mit Erzählungen befand, welche vom Böhmerwald in der damaligen Literatur erzählt wurden. Diese zeichnete den Böhmerwald entweder als unzugängliche natürliche Grenze, welche von Felsen und Wald gezogen wurde, oder als idealisierte malerische Landschaft mit Alpencharakter.

Klostermann verschob die Aufmerksamkeit von der Landschaft zur Natur, er führte den Leser mitten in den Wald. Dieser hat in seinem Werk verschiedene Gesichter. Er ist eine monumentale Kathedrale der Natur, aber auch ein ursprünglicher, von der Zivilisation bisher unberührter Urwald, ein undurchdringliches Dickicht gedeihender Vegetation. Klostermanns Wald ist selten reizvoll oder tröstlich, er wirkt eher melancholisch, beängstigend, bedrohlich oder geradezu abstoßend.

Das Motiv der undurchdringlichen Wälder voller Gefahren und bedrohlicher Elemente bot dem Autor die nötige Bühne für seine dramatischen Romane und Erzählungen. Klostermanns Böhmerwald stellt seine Helden dauernd auf die Probe und bedroht ihr Leben. Es ist eine Natur, in der für den Ankommenden buchstäblich kein Platz ist.

Der Böhmerwald ist bei diesem Autor Wildnis und zugleich eine Welt, die dem Untergang geweiht ist. Die zerstörerischen Naturvorgänge umrahmen den sozialen und ökonomischen Umbruch der örtlichen Gesellschaft, welcher aus Sicht des Schriftstellers ganz grundlegend und unvermeidlich war.

Der Wald nach dem Sturm. Illustration von K. Liebscher zum Roman *V ráji šumavském* (Im Paradies des Böhmerwaldes), 1893

Klostermanns Wald tritt nicht nur in der Rolle der fesselnden Umgebung auf, sondern ist oft auch dunkle Kulisse.

Die Landschaft, welche der alte Bláha erwähnte und durch welche die Holzfäller wanderten, ist eine menschenleere, einförmige, traurige Wildnis, deren Anblick die Seele bedrückt.

KK, *Vánice* (Sturm)

Rundherum grau, am Himmel hier und da Wolken, graues Moos auf schwarzen Fichten, an den Hängen namenlose Berge von grauen Felsbrocken, zwischen denen lauter Risse, die dürftig unter Heidekraut, Farn und Bärlapp verborgen sind, zartes Jungholz wie riesige sich schlängelne Wurzeln, hier mit Moos bewachsen, dort weiß, fast glänzend, modernde, umgestürzte Baumstümpfe, sich hoch in den Himmel rankende Wurzelballen, voll Erde, Grabesstille … die ganze Szenerie des Waldes auf der Hochebene, traurig, peinlich …

KK, *Ze světa lesních samot* (Aus der Welt der Waldeinsamkeiten)

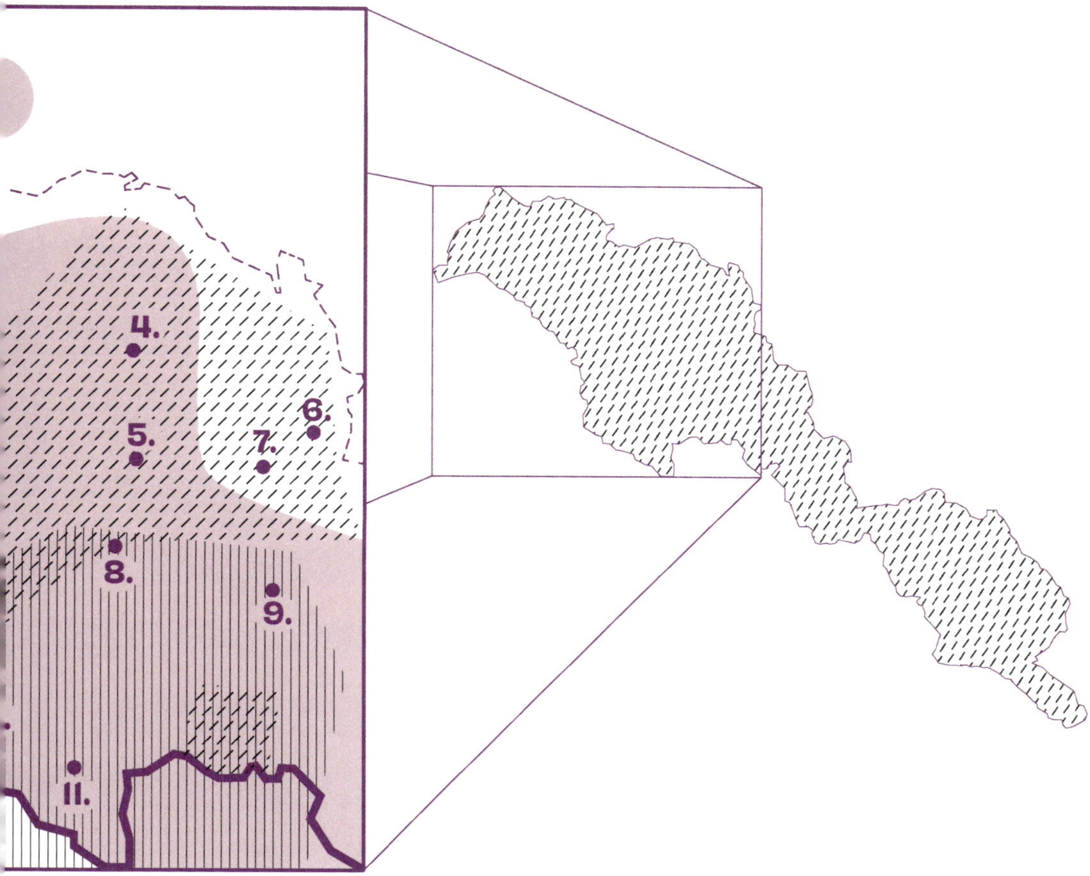

1. Hartmanice (Hartmanitz)
2. Železná Ruda (Böhmisch Eisenstein)
3. Prášily (Stubenbach)
4. Puchingerův dvůr (Buchingerhof)
5. Antýgl (Antigelhof)
6. Ranklov (Ranklow)
7. Horská Kvilda (Innergefild)
8. Modrava (Mader)
9. Kvilda (Außergefild)
10. Roklanská hájovna (Rachelhütte)
11. Březník (Pürstling)

NP Böhmerwald

Klostermanns Böhmerwald

Klostermann verortet seine Erzählungen in ein begrenztes Gebiet des zentralen Böhmerwaldes, in das Gebiet um den Fluss Vydra (Widra) und an die Grenze zu Bayern.

Klostermanns Böhmerwälder Erzählungen und Romane

Jahr der Buch-ausgabe	Titel
1890	Böhmerwald-Skizzen (Črty ze Šumavy)
1893	V ráji šumavském (Im Paradies des Böhmerwaldes)
1894	Ze světa lesních samot (Aus der Welt der Waldeinsamkeiten)
1896	V srdci šumavských hvozdů (Im Herzen der Forste des Böhmerwaldes)
1897	Skláři (Die Glasmeister)
1898	Hostinný dům (Das Gasthaus)
1901	Kam spějí děti (Die Erben des Böhmerwaldparadieses, wörtlich: Was wird aus den Kindern)
1903	Bílý samum (Der weiße Wüstensturm)
1906	Světák z Podlesí (Der Weltmann aus Vogelsang)
1908	Ze šumavského Podlesí (Aus dem Böhmerwälder Vogelsang)
1908	Pošumavské rhapsodie (Böhmerwald-Rhapsodie)
1908	Urvané listy (Abgerissene Blätter)
1910	Odyssea soudního sluhy (Odyssee des Gerichtsdieners)
1915	Mrtví se nevracejí (Tote kehren nicht zurück)
1920	Zmizelá osada (Die verschwundene Siedlung)
1923	Robinson na Otavě a jiné povídky (Robinson auf der Wottawa und andere Erzählungen)

Klostermann war Autor einer Reihe von Romanen und Erzählungen. Einige wenige spielen auch außerhalb des Böhmerwaldes, zum Beispiel an der südböhmischen Blata (Blatta) oder in Wien. Seine Werke werden bis heute häufig verlegt.

Klostermann arbeitete häufig mit den Motiven Schneesturm, Sturm und Gewitter. In seinen Romanen nutzte er den Sturm des Jahres 1870 auf bedeutsame Weise, welcher die berüchtigte Borkenkäferinvasion im Böhmerwald auslöste. Es ist kaum bekannt, dass auch vorher schon verschiedene Nachrichten und Reportagen in der damaligen Publizistik diese Situation detailliert beschrieben hatten.

Seltsam, bedrückend ist der Anblick der majestätischen und stillen Urwälder in den Bergen, in denen die menschliche Hand mit Feuer und Eisen wütet, um ihren größten Schädling zu vernichten.

S. Heller, Verwüsteter Böhmerwald. Ein Brief in Erinnerung an den vergangenen Böhmerwald, *Lumír*, 1874

Der Wendepunkt in der Natur bildet die Grundlage für die Erzählung vom sozialen Umbruch. Der Schriftsteller, so gibt er selbst an, beschreibt die „gesellschaftliche Pathologie": Alkoholismus, Prostitution, Wucher oder Gewalt in den Familien. Die Verwüstung der Umwelt verbindet sich mit der sozialen Destruktion.

. . . Počal zoufalý boj s přemocným živlem . . (Str. 437.)

Wenn Sie das Holz abtransportieren, sind Sie brutal im Plus. Wir haben das sehr gut kalkuliert.

Aus der Aussage des Angeklagten im Fall eines Betrugs mit vom Borkenkäfer geschädigtem Holz. *Novinky.cz*, 2023. Der Borkenkäfer und die Sehnsucht nach dem einfachen Gewinn gehen auch heute Hand in Hand.

Bei euch ist kein Lebensraum, ihr habt den Wald gerodet und mit dem Wald habt ihr das Gewissen umgebracht.

KK, *Kam spějí děti* (Die Erben des Böhmerwaldparadieses). Vorwurf der Hauptfigur Fanny

Ihr, sobald ihr gehört habt, dass euch jemand einen elenden Groschen für das gerodete Holz gibt, habt alles abgeholzt ... die Gaunerbande, die euch geblieben ist nach all dem unvernünftigen Kahlschlag, habt ihr weiter Wald genannt, obwohl sie diesen Namen längst nicht mehr verdiente. Dann seid ihr auf die Banken und Sparkassen gegangen und habt Schulden gemacht ... Wenn ihr dann Geld bekommen habt, hat sich jeder für schlau gehalten wie Salomon und reich wie ein König.

KK, *Kam spějí děti* (Die Erben des Böhmerwaldparadieses). Rede des Alten Reeba

Die meisten Bewohner [aus Podlesí, Vogelsang] fliehen für immer oder vorübergehend, vor allem die Männer. Wer kann, verkauft das Haus; wer keinen Käufer findet, lässt es einfach, überlässt es seinem Schicksal ... niemand kommt die Häuser reparieren, die Dächer vermodern, die Wände bröckeln, in Gärten und Höfen wachsen wilde Pflanzen, und es gibt niemanden, der die Hände ringt ob dieses furchtbaren Anblicks.

KK, *Slepičí vojna* (Hühnerkrieg)

Lukáš packte den Betrunkenen am Gürtel und stieß ihn zur Seite. Der Zufall wollte es, dass der Weggestoßene mit seinem ganzen Körpergewicht auf den Jogl-Francl fiel, so dass dieser schwankte, ein Wunder, dass er nicht hinfiel. Er raufte sich zusammen und auf das grauenvollste fluchend stürzte er sich auf Lukáš und schlug ihm mit aller Kraft mit der Faust ins Gesicht, so dass diesem das Blut aus Nase und Mund spritzte ...

KK, *Zmizelá osada* (Die verschwunde Siedlung)

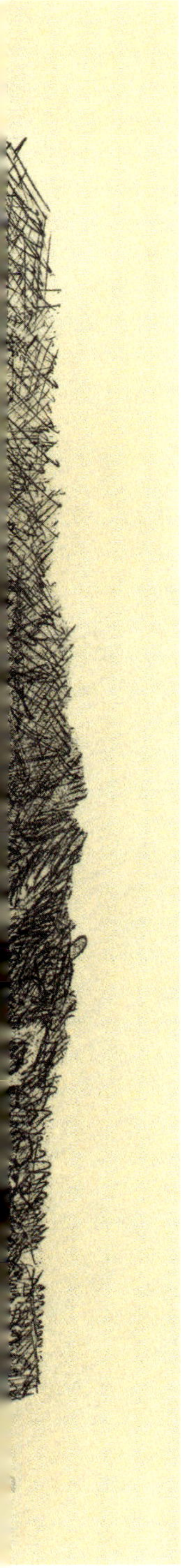

Klostermanns Darstellung der Wildnis wird in den Werken verschiedener Künstler des 20. Jahrhunderts variiert.

Böhmerwald! Beständig schwindender Wert! Verschwunden sind Romantik und Zauber, der sogar Heyduks und Stifters zu Begeisterung hinreißen konnte, der Klostermanns Realismus ergreifen konnte und Vrchlický zur beschreibenden Prosa. Nun sollst Du die Schönheit der Böhmerwälder Forste unter Mühen suchen in den entlegendsten Winkeln … Mit Regulierungen und Dämmen, Elektrifizierung und Flößbarmachung der Flüsse, mit rationaler Bewirtschaftung der Wälder und zufälligen Naturkatastrophen läutet der alten Schönheit des Böhmerwaldes langsam aber sicher das Ende … zufrieden bin ich allein an den Orten, wo der uralte Kampf ums Überleben bis heute tobt, wo auf Flora und Fauna allein ihre natürliche Vergängnis erwartet, wo die Elemente unangefochten regieren und nur wenige menschliche Spuren zu finden sind.

J. Váchal, *Šumava umírající a romantická* (Böhmerwald sterbend und romantisch), 1928–1931

A. Kubin, *Divočina* (Wildnis) / *Kůň a vlci* (Das Pferd und die Wölfe). Lithografie, 1934. Das Motiv bezieht sich auf Kubins Aufenthalt im Böhmerwald in der Umgebung des Lusen (Luzný).

3

Der Wald
ewigen Verfalls

Woher kam die Überzeugung von der plötzlichen Vernichtung der „ursprünglichen Böhmerwälder Urwälder"? Daran haben gerade die Texte Karel Klostermanns und die daran anknüpfende Vorstellung, der Wald sei etwas von Natur aus Stabiles, einen großen Anteil.

Karel Klostermann bot ein fesselndes Bild des Böhmerwaldes, der von jeher sein natürliches Leben lebte und dann buchstäblich innerhalb weniger Stunden vernichtet wurde. Der Sturm ist die endgültige Vernichtung der alten Welt. „Klostermanns Böhmerwald" bleibt so bis heute das am häufigsten verwendete Synonym für den „alten" Böhmerwald.

Was aber passierte im Böhmerwald wirklich? Seine Vergangenheit ist gut dokumentiert im Holz seiner Bäume und in den Jahresringen. Die Breite der Jahresringe entspricht nämlich den Wachstumsbedingungen der Bäume und damit des Waldes. Ist der Baum im Schatten, wächst er langsam. Und umgekehrt. Wenn wir an einem Standort mehrere Bäume mit einer plötzlichen Veränderung im Wachstum in der Vergangenheit vorfinden, können wir davon ausgehen, dass diese Veränderung ein großes Störereignis anzeigt (d. h. einen Sturm).

Die Existenz des Waldes ist nicht denkbar ohne regelmäßige Störereignisse – kleineren oder größeren Ausmaßes. Der Zerfall des Waldes bedeutet nicht seine Zerstörung, sondern nur eine der unvermeidlichen Phasen seiner Entwicklung.

Eine der ältesten Abbildungen des Böhmerwälder Urwalds zeigt deutlich das gestörte Wachstum. E. Herold, *Smrčina na horském hřebeni Šumavy* (Fichtenbestand auf dem Bergkamm des Böhmerwaldes), 1860

K. Liebscher, Illustration aus dem Buch *V ráji šumavském* (Im Paradies des Böhmerwaldes), 1893

Aber mein Böhmerwald, der alte Böhmerwald, wie er einst war, der lebt nicht, und wer dort ist, dem muss es ein schwerer Kampf sein. Du alter Böhmerwald, meine Kinderstube! Deine Wälder sind gefallen, in ihrem alten Ruhm werden sie nie wieder aufstehen.

KK, *Ze světa lesních samot* (Aus der Welt der Waldeinsamkeiten)

Das Motiv der Katastrophe und Vernichtung des Böhmerwaldes hatte sich bis zum Ende des 19. Jahrhunderts fest etabliert. Illustration aus Ottos Enzyklopädie *Čechy* (Böhmen), Band Böhmerwald, 1883

Von Stürmen und dem Borkenkäfer verwüstete Hänge im Böhmerwald

Klostermanns herrliche Poesie stützte sich auch auf eine fürchterliche Naturkatastrophe, welche den Böhmerwald im Oktober des Jahres 1870 heimsuchte, und die darauf folgende goldbringende „Käferzeit", welche das bisherige Leben der Bewohner des Böhmerwaldes vollständig veränderte.

Stichwort Klostermann, *Ottův slovník naučný* (Ottos Lexikon), 1899

Das Stereotyp von Klostermanns Trauer um die Umwelt in einem zeitgenössischen Comic

Am 25. und 26. Oktober 1868, am 13. Februar 1869, am 1., 2., 3., 14. und 15. November 1869 gab es noch wiederholt heftige Burane, und in der Nacht vom 26. zum 27. Oktober 1870 erreichten sie erneut vernichtende Stärke... Aber schon in den trockenen Jahren 1832, 1833 und 1834 gab es Stürme, die bedeutenden Baumbruch und Trockenschäden verursachten; diese jedoch, da sie nicht schnell genug verarbeitet werden konnten, waren der Grund für die allgemeine und fatale Ausbreitung des Borkenkäfers, welcher in den Jahren 1835 bis 1840 die schönsten Fichtenwälder vernichtete.

Zeitgenössische Beschreibung des Waldverfalls in der ersten Hälfte des 19. Jahrhunderts. L. Zeithammer, *Šumava, Kraj a lid* (Böhmerwald. Land und Leute), 1902.

Die auffällig ähnlichen Waldstrukturen in den 80er Jahren des 19. Jahrhunderts, also zur Zeit von „Klostermanns Katastrophe", im Jahr 1925 und in der jüngsten Vergangenheit.

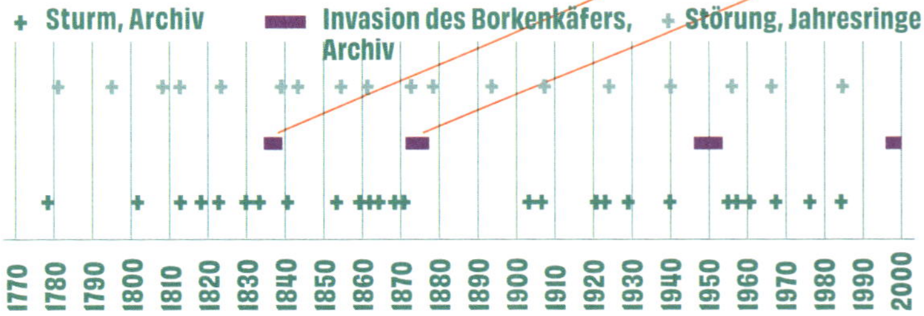

Heute stehen uns Daten aus vielen Forschungsflächen der Böhmerwälder Bergfichtenbestände zur Verfügung. Was zeigen sie? Die umfangreichsten Waldschäden entstanden in den 20er Jahren des 19. Jahrhunderts und in der Zeit Klostermanns. Dabei ist die Intensität dieser Störungen vergleichbar, ebenso wie die Intensität des Orkans Kyrill vor einigen Jahren.

Der Böhmerwald muss vor dem Jahr 1870 bereits deutliche Schäden erfahren haben. Seit den letzten großen Störereignissen waren keine 40 Jahre vergangen.

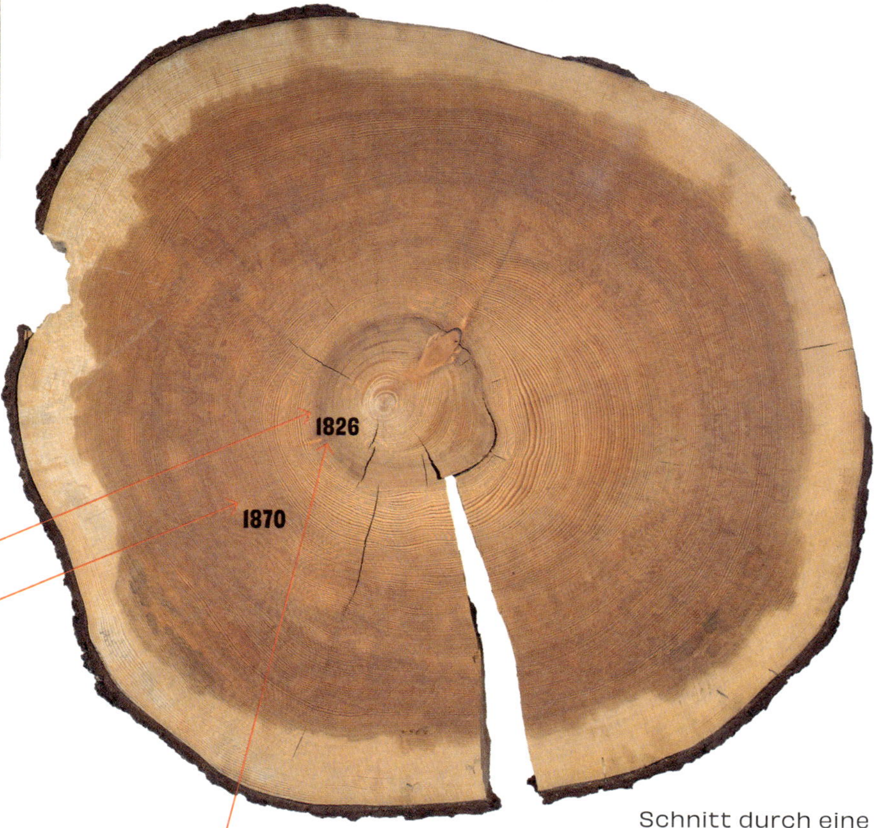

Schnitt durch eine 300 Jahre alte Fichte aus dem Böhmerwald

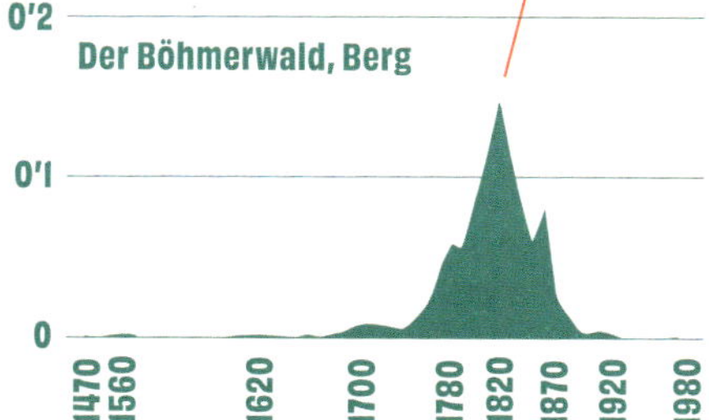

Die meisten der derzeit im Böhmerwald wachsenden Fichten sind überraschenderweise jene, die nach den Störereignissen zu Beginn des 19. Jahrhunderts gewachsen sind, nicht jene aus Klostermanns Zeit.

Urwald oder ehemaliger Urwald? Aus Klostermanns Beschreibungen allein ist das meist nicht erkennbar.

Allerdings sehen wir auch hunderte, ja tausende umgestürzte Bäume, deren Stämme hier einzeln oder in größeren Haufen liegen, mit Moos und Flechten ummantelt, von Knäueln aus Heidekraut und Blaubeerbüschen umwachsen und von Myriaden an Wurzeln und Pflanzenranken verbunden. Sie zeugen von der noch nicht lang vergangenen Zeit, als über den Köpfen der Menschlein, die sich in die stille Einöde gewagt hatten, ein wirklicher Urwald in seiner ganzen Herrlichkeit und mürrisch-majestätischen Schönheit rauschte.

KK, *Črty ze Šumavy*
(Böhmerwald-Skizzen)

×

Links der holprige Wald, aus dem hier und da ein himmelstürmender Riese herausragt und das halbhoch gewachsene Jungholz hatte sich durch die kleinen Gipfel geflochten; weiß waren die Baumstümpfe, die Äste mit grauem Moos überzogen, der ganze Boden mit Fichtenleichen verschiedener Größe übersät – der Urwald.

KK, *Ze světa lesních samot*
(Aus der Welt der Waldeinsamkeiten)

×

Dann kamen wir in den Wald, zunächst nur Jungholz aus den angeflogenen Samen. Auch hier herrschte tiefe Stille unbewegliche Ruhe der zu ewigem Schlaf verurteilten Riesen, deren langjährige Herrschaft mit dem Sturm im Jahr 1870 zu Ende gegangen war.

KK, *Črty ze Šumavy*
(Böhmerwald-Skizzen)

Reste des Urwalds oder nur zwei monumentale Bäume? Foto aus der Zeit um das Jahr 1900

Unsere Intuition sagt uns, dass der Wald nach einem Störereignis, also der Wald mit abgestorbenen hohen Bäumen, ein vernichteter Wald ist. Das ist aber nicht richtig. Im Unterholz duckt sich eine große Zahl an alten Baumstümpfen, die nur auf ihre Gelegenheit warten.

Der Urwald ist in erster Linie ein Beziehungsnetz. Ein Prozess, kein Zustand.

Fichtenborkenkäfer

„Vorsintflutlich? Vielleicht, aber wir sind hier überhaupt vorsintflutlich; uns muss die Katastrophe erst ereilen" ... Er hatte ja keine Ahnung, wie recht der Förster damit hatte. Ja, es kam eine Katastrophe wie eine Sintflut über das Land und sie stürzte das alte, herrliche Gesicht der Landschaften um, stellte die Lebensbedingungen der Menschen auf den Kopf, verschüttete die Quellen ihres Wohlstandes.

KK, *Ze světa lesních samot*
(Aus der Welt der Waldeinsamkeiten)

Das von Klostermann entwickelte Motiv der Vergängnis ist in den alten Erzählungen von der Sintflut und biblischen Schicksalschlägen verankert.

Gustave Doré, *Sintflut*, 1866

4

Ein populärer Schriftsteller

Klostermanns Böhmerwälder Prosawerke erscheinen in der Zeit des beginnenden Booms der Abenteuerliteratur. In Böhmen gelangen zu dieser Zeit die erfolgreichen Werke von Karl May, J. F. Cooper und später von Jack London in Umlauf. Klostermanns Verleger J. R. Vilímek ergriff die Gelegenheit, diesen Typ Literatur herauszugeben.

Karel Klostermann entdeckte mit dem Böhmerwald eine Umgebung, welche den attraktiven Schauplätzen der international bekannten Abenteuerliteratur sehr ähnlich war. Die Grenzregion, eine wenig bekannte, nicht besiedelte Gegend mit wilder Naturszenerie, konnte zum Beispiel sehr gut ein fernes Klondike oder den Wilden Westen evozieren. Die Leser kannten diese exotischen Landschaften nicht nur aus der Literatur gut, sondern auch von zahlreichen Bildern. Diese wurden auch schon mittels des neuen Mediums der Fotografie vermittelt.

Klostermanns Böhmerwald ist eine der Vergänglichkeit geweihte Welt und gleichzeitig eine exotische Wildnis. Sie ist ein Raum fernab der Zivilisation. Die örtlichen Bewohner werden in der Prosa regelmäßig als ihr fester Bestandteil abgebildet, nicht als Gegenpol zur Natur. Sie sind keine Menschen der Welt, sondern des Waldes.

Ist die Welt etwa bei uns?
Bei uns ist der Wald, nicht die Welt.

KK, *Ze světa lesních samot* (Aus der Welt der Waldeinsamkeiten)

Zeitgenössische Ansichtskarte – Der Böhmerwald in der Rolle der düsteren Wildnis

Vilímeks Verlag um 1900 und nach 1930

Für die Zeitschrift *Osvěta* (Aufklärung) wurde der Roman *Ze světa lesních samot* (Aus der Welt der Waldeinsamkeiten) geschrieben und darin im Jahr 1891 abgedruckt. Da er verdientes Lob erntete, erwog der Schriftsteller ihn als Buch herauszugeben. Zunächst klopfte er beim Verlag J. Otto an, aber der Roman wurde zurückgesandt. Enttäuscht gab er die Hoffnung auf, er könnte ein guter Schriftsteller für das tschechische Publikum sein, und hätte wohl die Hände resigniert in den Schoß gelegt, hätte sich nicht ein Sympathisant seiner angenommen, Professor Dr. Antonín Rezek. Der hochgeachtete Gelehrte vermittelte ihm den Verleger Jos. R. Vilímek.

M. Regal, *Život a dílo Karla Klostermanna* (Leben und Werk Karel Klostermanns), 1926

Das erste Buch von Cooper brachte Vilímek im Jahr 1895 heraus, die ersten Übersetzungen von May Ende der 80er Jahre des 19. Jahrhunderts, Erzählungen Londons erschieden in den 10er Jahren des 20. Jahrhunderts. Vilímeks Produktion umfasste auch Bücher von J. Verne und A. C. Doyle.

POSLEDNÍ MOHYKÁN

I. Pralesem.

Mé ucho i srdce jsou hotovy vás vyslechnouti; ať je to neštěstí jakékoli, jež mi zvěstujete, mluvte! Ztratil jsem snad žezlo nad svou říší?

SHAKESPEARE.

U osadnických válek severoamerických jeví se společný význačný rys v tom, že každé vojsko, dříve než se utkalo s nepřítelem, musilo podstoupiti napřed námahy dlouhých pochodů širošírými pustinami.

Rozlehlý a zdánlivě neprostupný pruh lesů rozděloval državy nepřátelských provincií Francie a Anglie. Zhusta se stávalo statnému nějakému osadníku i kázni zvyklému Evropanu, jenž bojoval mu po boku, že musili celé měsíce zápasiti s proudy řek nebo drápat se strmými prů-

Cooper, Poslední Mohykán. — 1.

SEVER PROTI JIHU. 117

Výprava ta tedy zůstala bez výsledku jako všecky ostatní. Bylo třeba vrátiti se na plantáž s tím přesvědčením, že také tentokráte ještě šli po nepravé stopě.

...Prohledali velmi pečlivě naznačený ostrůvek... (Str. 116.)

Téhož tedy večera rozmlouvali Byrbank, Stannar a Karol o bezvýsledném hledání tom, sedíce v dolejší síni. K deváté hodině přišla k nim také Alice, nechavší paní Byřbankovou více zemdlenou než spící v jejím pokoji, i zvěděla, že i tento poslední pokus byl bezvýsledný.

Julius Verne: Sever proti Jihu. — 8

Der letzte Mohikaner von Cooper und Vernes Roman *Nord gegen Süd* in Vilímeks Ausgabe

Sie sahen nur eine Menge gefälltes Holz und Baumbruch im Wald, sie hörten auf die Ausführungen des Waldpersonals, beobachteten die fieberhafte Eile der Geschäftsleute und die Suche nach Transportmöglichkeiten und Arbeitskräften. Einigen dämmerte es sicher in den Köpfen, aber das allgemeine Fieber entfachte Wagemut und sie konnten dem vorherrschenden Strom nicht widerstehen.

KK, *V ráji šumavském*
(Im Paradies des Böhmerwaldes)

Jack London und Karl May

=

Die Jahrhundertwende – Ära des Goldfiebers. Am Yukon Gold, im Böhmerwald Holz

Im Osten wie im Westen beherrschten die Landstreicher und Goldgräber die moderne Erzählung, als Karel Klostermann zum Ende des vorigen und zu Beginn unseres Jahrhunderts den Lesern seine Überwinder von Schneestürmen und winterlichen Ausweglosigkeiten, „Zauberer" und „Vagabunde" aus dem Böhmerwald zu offenbaren begann ... Seine Erzählungen erinnern an die Welt von Jack London.

J. Janáčková, Studie *Klostermann povídkář* (Der Erzähler Klostermann), 1985

... nicht umsonst erinnert die Belagerung des Forsthauses durch Wilderer im Roman Ze světa lesních samot (Aus der Welt der Waldeinsamkeiten) an den Überfall auf eine Farm in einem der Indianerromane von Karl May, Klostermanns Zeitgenosse.

Aus einer Studie V. Maidls über das Werk Karel Klostermanns, 2008

Charakteristisch für die Bezeichnung der Borkenkäfer-Kalamität ist die im Volksmunde übliche Benennung derselben mit: „Käferlzeit", welche noch heutzutage die Leute als eine Art goldenen Zeitalters preisen, wo es allen so gut gieng.

Diese Käferlzeit, auch die Käferljahre genannt, und das zu derselben im Böhmerwalde geherrschte ungewohnt rege Leben schildert Karl Klostermann mit nachstehenden treffenden Worten:

„Tag und Nacht hallten die Axtschläge, loderten die Flammen empor, widerhallte Fels und Berg von dem Knallen der Peitschen der Fuhrleute und dem Dröhnen der über die Hänge zu den Wasserläufen und Schwellen hinpolternden Stämme.

„Die goldene Ära der Käferzeit". Beschreibung aus dem Buch *Šumava, kraj a lid* (Der Böhmerwald, Land und Leute, 1902) von Leopold Zeithammer, zu dessen deutscher Version von 1896 Klostermann die Einleitung geschrieben hat.

Unerwartete visuelle Analogien auf zeitgenössischen Fotografien. Der Böhmerwald und der Wilde Westen. Goldgräber in Alaska, Holzfäller im Böhmerwald und Tunnelgräber am Špičák (Spitzberg).

128

odvrátí tiše a uctivě od nich zraky své. Nedovedeť si původu jejich vysvětliti, má je za posvátné a někdy jen objasňuje si původ jejich rozmanitými pověstmi.

Pevnou rukou přiložil pušku k líci. Zarachotila rána . . . (Str. 123.)

Údolí, na jehož kraji právě se jezdci zastavili, bylo v dávných dobách také jezerem. Ogallallové zanechali i tam znamení, hlásající Vohkadehovi, že ubírali se středem jezera dále; než v čele jedoucí Old

Zeitgenössische Illustrationen zu Klostermanns Prosawerken und zu Mays *Der Sohn des Bärenjägers* zeigen analoge Themen: in den dramatischen und spannenden Verwicklungen finden sich nur im ersten Fall Wilderer, Haustierdiebe und Holzfäller, im zweiten jedoch Pelztierwilderer, Goldgräber und Indianer.

V RAJI ŠUMAVSKÉM 229

. . . Šel si zapytlačit do Schrollenhaidského revíru . . . (Str. 228.)

Jedním skokem byl u pytláka, nahnutého nad srnou. (Str. 204.)

Robinson na Otavě. 13a

. . . Byla to prazvláštní výprava za plápolající záře pochodní . . .
(Str. 379.)

Klostermanns Lehrernotizbuch mit Försterdolchen als Verzierung

Während seines Aufenthalts in Paris 1889 besuchte Klostermann die Wild West Show des legendären Buffalo Bill. Die Vorstellung wie auch das Camp der Akteure hinterließen einen starken Eindruck.

Im baufälligen Objekt von Vilímeks ehemaligem Verlag befindet sich heute die Laser Arena. Abenteuer und Spannung in heutiger Gestalt.

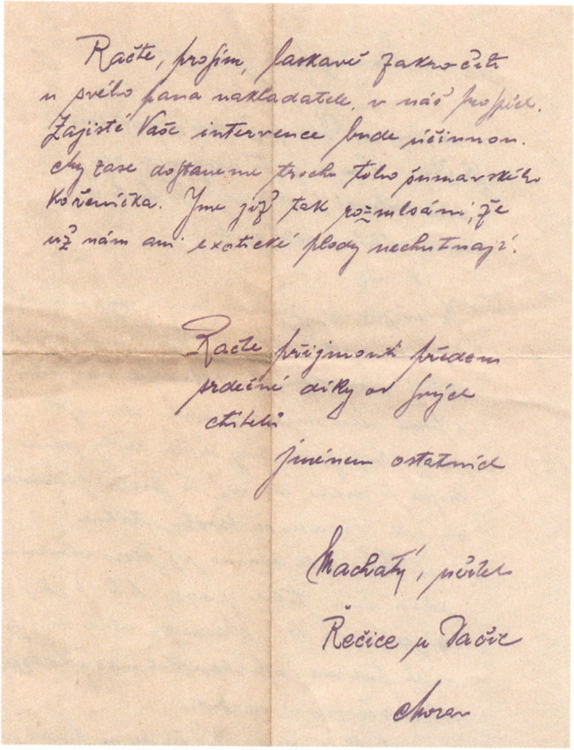

Račte, prosím, laskavě zakročiti u svého pana nakladatele, v náš prospěch. Zajisté Vaše intervence bude účinnou. Aby zase dostaneme trochu toho šumavského kořeníčka. Jsme již tak rozmlsáni, že už nám ani exotické plody nechutnají.

Račte přijmouti předem srdečné díky od svých ctitelů
jménem ostatních

Machatý, učitel
Řečice u Tábora

Leserbrief. Dem Schriftsteller wird versichert, dass seine Prosa „exotische Früchte" der internationalen Literatur übertrifft.

Um den eigentlichen Zirkus herum erstreckt sich das Camp der ganzen Gesellschaft … Typen des entfernten Westens, wo die Pioniere der Zivilisation mit den wilden Eingeborenen in Kontakt kommen, wo die Eingeborenen selbst mit der unbarmherzigen Natur kämpfen, Indianer des Stamms Sioux, Cowboys, mexikanische Büffeljäger, genannt Ciboleros, Wachen, Händler, Holzfäller, die Bewohner dieser wilden und halbverwilderten Zunft, Zelte aus Fellen und Planen, grob gezimmerte Holzhütten, ihre Lebensweise: alles kann man in wahrheitsgetreuer Nachbildung sehen.

KK, *Ve světlech a stínech Babelu* (In Licht und Schatten von Babel), 1910

Fotografie aus dem Film *Ze světa lesních samot* (Aus der Welt der Waldeinsamkeiten), 1933

Karikaturen von Karel Klostermann und Jiří Karásek aus der Zeitschrift *Máj* (Mai)

Die zeitgenössische Kritik las Klostermanns Prosa als Gebrauchsliteratur.

Herr Klostermann ist kein Poet der Böhmerwälder Urwälder ... er kann sich nicht wie ein Künstler ausdrücken ... seine effekthafte Romanhandlung ist nichts anderes als eine Reihe drastischster und leerester Effekte, unerwarteter Prügeleien, Unglücke, Selbstmorde, grauenvolles Umherirren durch den Urwald u.ä., mit welchen die Handlung des Romans so dicht wie möglich angreichert ist, damit der Leser das Buch nach dem Lesen der ersten vierzig Seiten nicht mehr weglegt.

Aus der Rezension zu *V ráji šumavském* (Im Paradies des Böhmerwaldes) von J. Karásek, *Niva* (Die Wiese), 1893

Die geheimnisvollen Geschäfte eines ebenso geheimnisvollen Gastwirts, rätselhafte Ausflüge dieses seltsamen Mannes und seiner Tochter durch die nächtliche Stille des Waldes, der Fund einer Leiche ... und eine ganze Reihe weiterer Zutaten solcher berüchtigter blutiger Romane sind Mittel, mit denen Herr Klostermann im Buch arbeitet. Es ist ein Buch wie geschaffen für die untersten Leserschichten.

Aus einer Rezension zum Roman *Hostinný dům* (Das Gasthaus) von R. Bazarov, *Česká revue* (Tschechische Revue), 1898

Herr Klostermanns Roman ist nicht viel anspruchsvoller als jene Jugendromane, die ihren jungen Lesern zeigen sollen, wie Eskimos oder Indianer leben ... Die Figur des rücksichtslosen Verfolgers der Wilderer und „Tierdiebe" ist kaum skizziert mit einigen wenigen oberflächlichen Zügen ohne psychologische Tiefe.

Aus der Rezension zu *Ze světa lesních samot* (Aus der Welt der Waldeinsamkeiten) von J. Vodák, *Literární listy* (Literarische Blätter), 1895

Der Mensch als Teil der Natur, die der unausweichlichen Vernichtung unterliegt. Das Motiv First people / der durch die Zivilisation bedrohten Eingeborenen, typisch für das Genre der Abenteuerliteratur, ist bei Klostermann nicht zu übersehen und kann den heutigen Leser ziemlich beunruhigen.

„Das überstehe ich nicht … ich bin mit diesem Wald verwachsen wie ein Baum mit seiner heimatlichen Erde und so wie dieser Baum verdorrt, wenn ihn der Sturm herausreißt, so verdorre auch ich ganz ohne Krankheit …"

KK, *Ze světa lesních samot* (Aus der Welt der Waldeinsamkeiten)

Rezensionen von Klostermanns Lesern des Romans *Zmizelá osada* (Die verschwunde Siedlung) auf der Webseite Databázeknih.cz

purie 4 10.01.2021

Moje první kniha (knížka) K.K. Okouzlila mne. I díky zachování původního autorova až reportážního, ale zároveň poetického stylu. Při čtení mne napadlo jak by asi o tomtéž psal třeba Jack London.

Während der Lektüre habe ich mich gefragt, wie wohl etwa Jack London über dieselbe Sache geschrieben hätte.

koubin007 3 13. srpna

Kdybych se po přečtení knihy měl vypravit do šumavských hvozdů,neznaje, jak krásný je to kraj, asi bych si raději usekl ruku a vypichnul obě oči. Mlhy jsou v románu hrůzné, sněhy na stromech s ledem spečené do neproniknutelné krusty a všudypřítomné děsivé bažiny a mokřady čekající na nebožáka, který se v těch děsivých končinách vydá nesprávným směrem.

radimch 3 17. srpna

Ten jazyk, ta krajina, ta atmosféra.

Was für eine Sprache, was für eine Landschaft, was für eine Atmosphäre.

ZuzanaK. 2 28. srpna

Temné, hutné, skvělé. Jak jazykově, tak náladou, příběhem.
Slyšeno na ČRo.

5

Das Buch als Ware

Der literarische Erfolg von Karel Klostermann fußte unter anderem auf den gut durchdachten Strategien seines einzigen Verlegers J. R. Vilímek. Diese reichten von der Werbung bis zur Suche nach vielfältigen Wegen, wie man die Texte an einen möglichst großen Leserkreis bringt.

Zwischen dem Verleger und dem Autor bestand enger Kontakt, welcher durch ihre Korrespondenz belegt ist. Vilímek legte Wert auf die Produktion und den Gewinn. Er galt als Begründer des tschechischen Buchunternehmertums und der Werbung für Bücher überhaupt. Die Strategien des Verlegers kamen Klostermann gelegen, es war sein Ziel ein bei den Lesern erfolgreicher und gut bezahlter Schriftsteller zu sein.

J. R. Vilímek nötigte Klostermann zur Serienproduktion von Texten. In den Briefen drängte er zu schnellerer Arbeit. Auch die Redakteure der zeitgenössischen belletristischen Zeitschriften fragten beim Schriftsteller immer wieder neue Beiträge an. Die Organisateure einmaliger Publikationen baten ihn ebenfalls um Texte. Der Schreibdruck war für den Autor enorm und der Schriftsteller bemühte sich, die Erwartungen zu erfüllen.

U VÁLEČ

„Měl bys, Arture, koupit nějaké knihy do sa
„Tak jo! A kde má krám, ten pan Klosterm

Beim Kriegsemporkömmling. „Arthur, du solltest einige Bücher für den Salon kaufen, falls Gäste kommen. Vielleicht etwas von Klostermann." „Also gut! Und wo hat er seinen Laden, der Herr Klostermann..."

Die Werbung für Klostermanns Werke in Form einer Anekdote unterstreicht seine Wahrnehmung als Schriftsteller von Unterhaltungsliteratur. Vilímeks *Humoristické listy* (Humoristische Blätter), 1918

Manuskripte Klostermanns. Der Autor lieferte seine Texte auf schmalen Papierstreifen, um den Drucksatz zu beschleunigen.

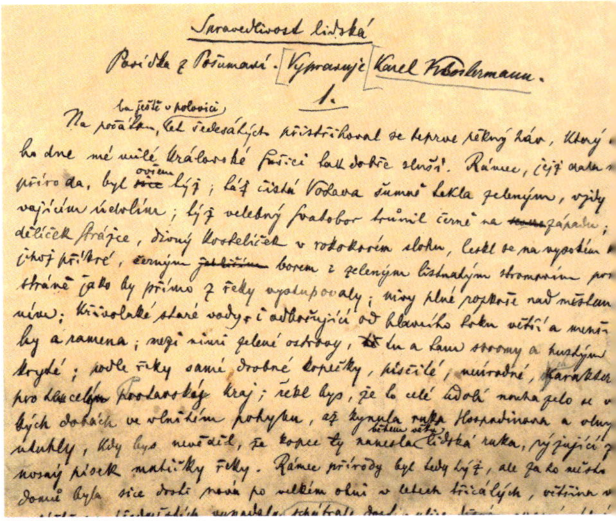

Es ist bekannt, dass Klostermann noch nach seinem 75. Geburtstag schrieb. Häufig, wenn ich zu Besuch war, sah ich auf dem Tisch schmale Papierstreifen (die an „Kürzelsprachen" erinnerten, wie sie Stenographen verwenden), bedeckt mit winziger, gestochener Schrift.

Erinnerung an Klostermann, *Český deník* (Tschechisches Tageblatt), 1923

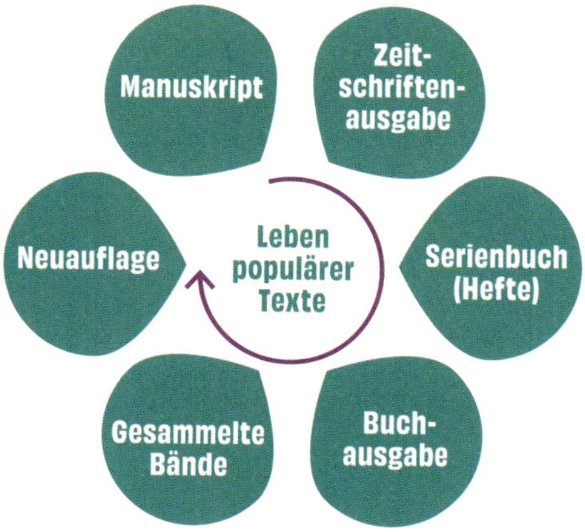

Die Verlegung von Klostermanns Roman *Ze světa lesních samot* (Aus der Welt der Waldeinsamkeiten) ist ein typisches Beispiel für das Leben eines populären Textes. Dem Abdruck in der Zeitschrift folgten verschiedene Buchausgaben, der Text erschien parallel auch außerhalb Böhmens. Seine Verbreitung wurde gekrönt durch die gesammelten Werke des Autors noch zu seinen Lebzeiten sowie weitere Neuauflagen.

Ausgabe von *Ze světa lesních samot* (Aus der Welt der Waldeinsamkeiten) in den USA. Tschechische Emigrantenblatt *Osvěta americká* (Amerikanische Aufklärung), 1912

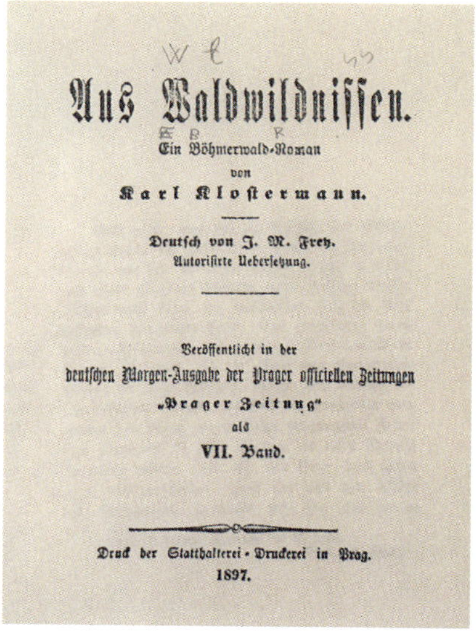
Aus Waldwildnissen.

Ein Böhmerwald-Roman

von

Karl Klostermann.

Deutsch von J. M. Frey.

Autorisirte Uebersetzung.

Veröffentlicht in der deutschen Morgen-Ausgabe der Prager officiellen Zeitungen „Prager Zeitung" als VII. Band.

Druck der Statthalterei-Druckerei in Prag.

1897.

Die deutsche Übersetzung des Romans *Ze světa lesních samot* (Aus der Welt der Waldeinsamkeiten) erschien gleich nach der ersten tschechischen Ausgabe, 1897, und zwar unter dem bezeichnenden Titel *Aus Waldwildnissen*.

Ze světa lesních samot

XII.

Vzhůru na Sokolský slet do Prahy!

Sokolskou Výpravu

Brodský & Sovák

Pište nám dnes

Peptomalt Tonic

Atlas Brewing Co.

Přeplavní lístky

Lawndale State Bank

Ohlašování v Osvětě Americké přináší užitek.

Pište si

Národní Tiskárna, 509-511 So. 12th St., Omaha, Nebr.

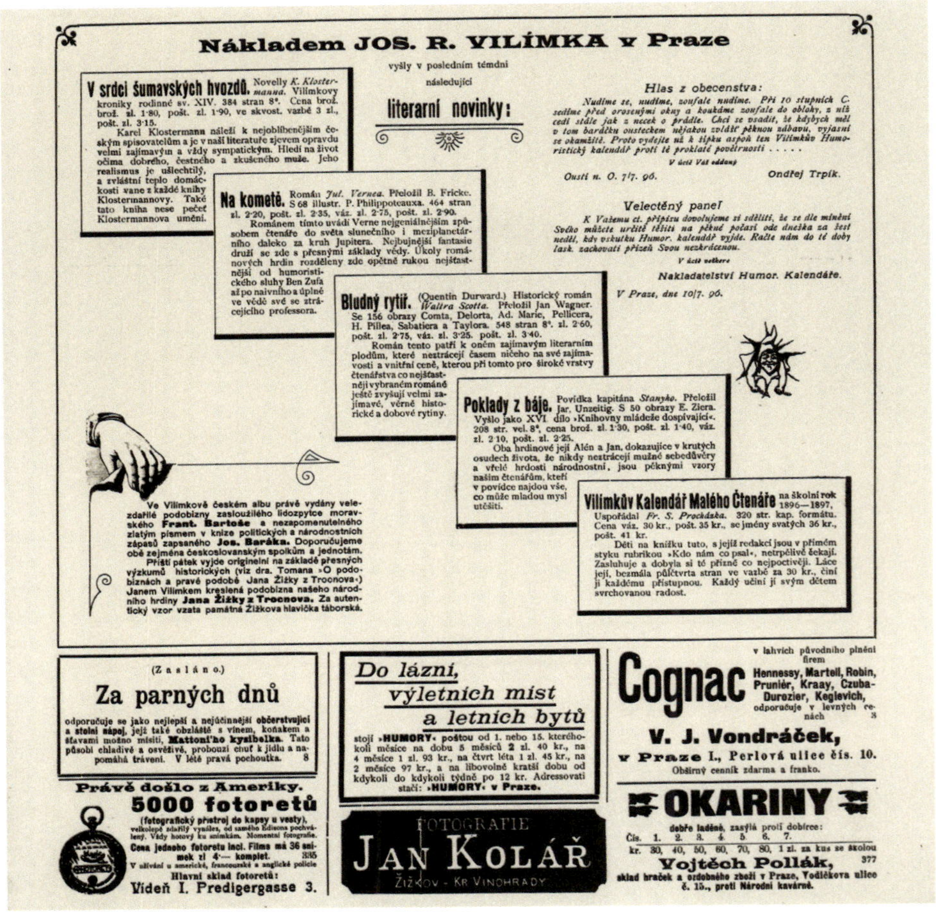

Nákladem JOS. R. VILÍMKA v Praze

vyšly v posledním témdni

následující

literarní novinky:

V srdci šumavských hvozdů. Novelly *K. Klostermanna.* Vilímkovy kroniky rodinné sv. XIV. 384 stran 8°. Cena brož. brož. zl. 1·80, pošt. zl. 1·90, ve skvost. vazbě 3 zl., pošt. zl. 3·15.

Karel Klostermann náleží k nejoblíbenějším českým spisovatelům a je v naší literatuře zjevem opravdu velmi zajímavým a vždy sympatickým. Hledí na život očima dobrého, čestného a zkušeného muže. Jeho realismus je ušlechtilý, a zvláštní teplo domáckosti vane z každé knihy Klostermannovy. Také tato kniha nese pečeť Klostermannova umění.

Na kometě. Román *Jul. Vernea.* Přeložil B. Fricke. S 68 illustr. P. Philippoteauxa. 464 stran zl. 2·20, pošt. zl. 2·35, váz. zl. 2·75, pošt. zl. 2·90.

Románem tímto uvádí Verne nejgeniálnějším způsobem čtenáře do světa slunečního i meziplanetárního daleko za kruh Jupitera. Nejbujnější fantasie druží se zde s přesnými základy vědy. Úkoly románových hrdin rozděleny zde opětně rukou nejšťastnější od humoristického sluhy Ben Zufa až po naivního a úplně ve vědě své se ztrácejícího professora.

Bludný rytíř. (Quentin Durward.) Historický román *Waltra Scotta.* Přeložil Jan Wagner. Se 156 obrazy Comta, Delorta, Ad. Marie, Pellicera, H. Pillea, Sabatiera a Taylora. 548 stran 8°. zl. 2·60, pošt. zl. 2·75, váz. zl. 3·25. pošt. zl. 3·40.

Román tento patří k oněm zajímavým literarním plodům, které neztrácejí časem ničeho na své zajímavosti a vnitřní ceně, kterou při tomto pro široké vrstvy čtenářstva co nejšťastněji vybraném románě ještě zvyšují velmi zajímavé, věrně historické a dobové rytiny.

Poklady z báje. Povídka kapitána *Stanyho.* Přeložil Jar. Unzeitig. S 50 obrazy E. Ziera. Vyšlo jako XVI. dílo »Knihovny mládeže dospívající«. 208 str. vel. 8°, cena brož. zl. 1·30, pošt. zl. 1·40, váz. zl. 2·10, pošt. zl. 2·25.

Oba hrdinové její Alén a Jan, dokazujíce v krutých osudech života, že nikdy neztrácejí mužné sebedůvěry a vřelé hrdosti národnostní, jsou pěknými vzory našim čtenářům, kteří v povídce najdou vše, co může mladou mysl utěšiti.

Vilímkův Kalendář Malého Čtenáře na školní rok 1896—1897. Uspořádal *Fr. S. Procházka.* 320 str. kap. formátu. Cena váz. 30 kr., pošt. 35 kr., se jmény svatých 36 kr., pošt. 41 kr.

Děti na knížku tuto, s jejíž redakcí jsou v přímém styku rubrikou »Kdo nám co psal«, netrpělivě čekají. Zasluhuje a dobyla si té přízně co nejpoctivěji. Láce její, bezmála půlčtvrta stran ve vazbě za 30 kr., činí ji každému přístupnou. Každý učiní jí svým dětem svrchovanou radost.

Hlas z obecenstva:

Nudíme se, nudíme, zoufale nudíme. Při 10 stupních C. sedíme před orosenými okny a koukáme zoufale do oblohy, z níž cedí stále jak z necek o prádle. Chci se vsadit, že kdybych měl v tom baráčku ousteckem nějakou zvláštˇ pěknou zábavu, vyjasní se okamžitě. Proto vydejte už k šipku aspoň ten Vilímkův Humoristický kalendář proti té prokleté povětrnosti . . . . .

V úctě Váš oddaný

Oustí n. O. 7/7. 96. Ondřej Trpík.

Velectěný paneř

K Vašemu ct. přípisu dovolujeme si sděliti, že se dle mínění Svého můžete určitě těšiti na pěkné počasí ode dneška za šest neděl, kdy vskutku Humor. kalendář vyjde. Račte nám do té doby lask. zachovati přízeň Svou nezkrácenou.

V úctě veškeré

Nakladatelství Humor. Kalendáře.

V Praze, dne 10/7. 96.

Ve Vilímkově českém albu právě vydány velezdařilé podobizny zasloužilého lidozpytce moravského **Frant. Bartoše** a nezapomenutelného zlatým písmem v knize politických a národnostních zápasů zapsaného **Jos. Baráka.** Doporučujeme obě zejména českoslovanským spolkům a jednotám.

Příští pátek vyjde originelní na základě přesných výzkumů historických (viz dra. Tomana »O podobiznách a pravé podobě Jana Žižky z Trocnova«) Janem Vilímkem kreslená podobizna našeho národního hrdiny **Jana Žižky z Trocnova.** Za autentický vzor vzata památná Žižkova hlavička táborská.

(Zasláno.)

Za parných dnů

odporučuje se jako nejlepší a nejúčinnější **občerstvující a stolní nápoj,** jejž také obzláště s vínem, koňakem a šťavami možno mísiti, **Mattoni'ho kyselka.** Tato působí chladivě a osvěživě, probouzí chuť k jídlu a napomáhá trávení. V létě pravá pochoutka. 8

Právě došlo z Ameriky.

5000 fotoretů

(fotografický přístroj do kapsy u vesty), velkolepě zdařilý vynález, od samého Edisona pochválený. Vždy hotový ku snímkám. Momentní fotografie.

Cena jednoho fotoretu incl. Films má 36 snímek zl 4·— komplet. 335

V užívání u americké, francouzské a anglické policie

Hlavní sklad fotoretů:

Vídeň I. Predigergasse 3.

Do lázní,
výletních míst
a letních bytů

stojí »**HUMORY**« poštou od 1. nebo 15. kteréhokoli měsíce na dobu 5 měsíců 2 zl. 40 kr., na 4 měsíce 1 zl. 93 kr., na čtvrt léta 1 zl. 45 kr., na 2 měsíce 97 kr., a na libovolně kratší dobu od kdykoli do kdykoli týdně po 12 kr. Adressovati stačí: »**HUMORY**« v Praze.

FOTOGRAFIE
JAN KOLÁŘ
ŽIŽKOV - KR VINOHRADY

Cognac v lahvích původního plnění firem **Hennessy, Martell, Robin, Prunièr, Kraay, Czuba-Durozier, Keglevich,** odporučuje v levných cenách 8

V. J. Vondráček,
v Praze I., Perlová ulice čís. 10.
Obšírný cenník zdarma a franko.

OKARINY

dobře laděné, zasýlá proti dobírce:

Čís.	1.	2.	3.	4.	5.	6.	7.
kr.	30,	40,	50,	60,	70,	80,	1 zl. za kus se školou

Vojtěch Pollák, 377
sklad hraček a ozdobného zboží v Praze, Vodičkova ulice č. 15., proti Národní kavárně.

Vilímeks Werbung – Zeitungsinserat und Prospekt

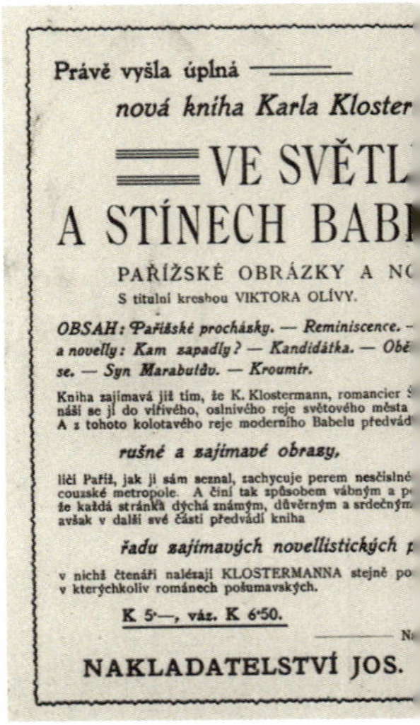

Právě vyšla úplná

nová kniha Karla Kloster

VE SVĚTL

A STÍNECH BAB

PAŘÍŽSKÉ OBRÁZKY A N

S titulní kresbou VIKTORA OLÍVY.

OBSAH: Pařížské procházky. — Reminiscence. — a novelly: Kam zapadly? — Kandidátka. — Obě se. — Syn Marabutův. — Kroumír.

Kniha zajímavá již tím, že K. Klostermann, romancier náší se ji do vířivého, oslnivého reje světového města A z tohoto kolotavého reje moderního Babelu předvád

rušné a zajímavé obrazy,

líčí Paříž, jak ji sám seznal, zachycuje perem nesčíslné couzské metropole. A činí tak způsobem vábným a p že každá stránka dýchá známým, důvěrným a srdečným avšak v další své části předvádí kniha

řadu zajímavých novellistických

v nichž čtenáři nalézají KLOSTERMANNA stejně po v kterýchkoliv románech pošumavských.

K 5·—, váz. K 6·50.

N

NAKLADATELSTVÍ JOS.

ČESKÝ JEŽÍŠKU,
…áš seznam dárků, důstojných českých domácností!

…í knižní novinky pro mládež.

…la J., Rajka v zajetí (pro dívky) 4·—
…la J., Poklad v hlubinách (pro …cé dospívající) 5·80
…, Vládce vzduchu (pro ml. dosp.) 3·90
…nář, roč. XXVIII. 4·— skvostně váz. 5·—
…tova, Z Kašpárkovy mošny (pro …í mládež) 3·30
…, Princ Pukavec (pro útlejší ml.) 2·90
…ěvče mého života (pro dívky) 3·80
…ládeži (pro ml. dospív.) 5·50
…ládeži (pro ml. dospív.) 6·50
…wicz H., Quo vadis (pro ml. dosp.) 7·—
… studentstva na rok 1910 1·20
… české mládeže na rok 1910 1·—
…-Wanklová, Z Ječmínkovy (pohádky), kart. 3·50, 4·50

Poslední knižní novinky pro dospělé.

	Váz. K h
Arcybašev M. P., Sanin II. vyd.	4·80
— Milliony	4·80
— Lidská vlna	4·80
Dejmek P., Princezna a její chauffer	4·—
Klostermann K., Z dobrého srdce	6·50
Maupassant G. de, Důvěrná chvíle	3·80
— Miláček	4·80
Prévost Marc., Petr a Tereza	5·—
Svoboda F. X., Řeka	20·—
— Jarní strže	4·50
— Na koho vzpomněl jsem cestou do hor	4·—
Tolstoj L. N., Vojna a mír	19·20
Vilímkův Humoristický kalendář na r. 1910	1·20
Wells H. G., Válka ve vzduchu	5·50
Zola Emil, Nana	5·30

Nádherné dary pro každého.

Spisy Emila Zoly.
4 illustr. svazky v původní vazbě za K 21·20.
Spisy Guy de Maupassanta.
6 svazků v původní vazbě za K 23·80.
Spisy Henryka Sienkiewicze
(v úpravě pro mládež)
4 illustr. svazky v původní vazbě za K 21·—.
Spisy Julia Vernea.
36 illustr. svazků v pův. vazbě za K 187·35.
Spisy Jana Klecandy.
21 svazků v původní vazbě za K 91·30.
Spisy Karla Klostermanna.
15 svazků v původní vazbě za K 88·—.
Spisy F. X. Svobody.
8 svazků v původní vazbě za K 37·—.

Veškery tyto spisy lze dostati též na mírné splátky.

KOSINA Jar. Dr.: Illustrované dějiny světové. Tři četně illustrované a mapami vyprav. svazky. Váz. za K 29·—.

REZEK-DOLENSKÝ: Dějiny národa českého. S četnými illustracemi. Váz. K 6·—.

KOSINA Jar. Dr.: Velikáni našich dějin. Nádherně illustrováno. Váz. K 12·—.

TOUŽIMSKÝ Jos. J.: Na úsvitě nové doby. Dějiny r. 1848 v zemích českých. Hojně illustrov. Váz. K 18·—.

TŮMA Karel: GARIBALDI, bohatýr svobody. Bohatě illustrováno. Váz. K 17·—.

Veškery tyto publikace lze dostati v každém knihkupectví.
…datelství JOS. R. VILÍMKA v Praze, Spálená ul. 13
filiálka ve Vídni I., Schottenring 1.

Zola, Verne, Klostermann. Vilímeks Weihnachtsgeschenke „tschechischer Haushalte würdig"

Honorare für Editionen von Klostermanns Werken

durchschnittlicher Monatslohn um 1930	789
Gendarm	1315
Lokführer	1451
Lehrer in Prag	2169
Honorar für Ze světa lesních samot (Aus der Welt der Waldeinsamkeiten), 1926	6675
Honorar für Červánky mého mládí (Morgenröte meiner Jugend), 1926	6675
Auszahlung für je 1000 Exemplare, 1926	1550

Die Summen für die Ausgaben der angeführten Werke zahlte der Verlag an Betty Klostermann, die Witwe des Schriftstellers, an welche die Autorenrechte übergingen.

Přátele poutavé četby upozorňujeme, že právě vyšel
nový svazek
detektivních novell
A. CONANA DOYLEA pod názvem
…RLOCK HOLMES VÍTĚZÍ
…řekladě …os. Pachmayera a s četnými illustracemi. Svazek …ahuje tyto nadmíru poutavé práce: Příhoda se šesti Na… - Příhoda v Abbey Grange. - Dobrodružství tří stu… Dobrodružství se zlatým skřipcem. - Afféra K. A. Mil… - Pohřešovaný. - Druhá skvrna.
K 3·—, váz. K 4·50.
…vich.
… PRAZE, Spálená ulice č. 13. Filiálka VE VÍDNI I., Schottenring 1.

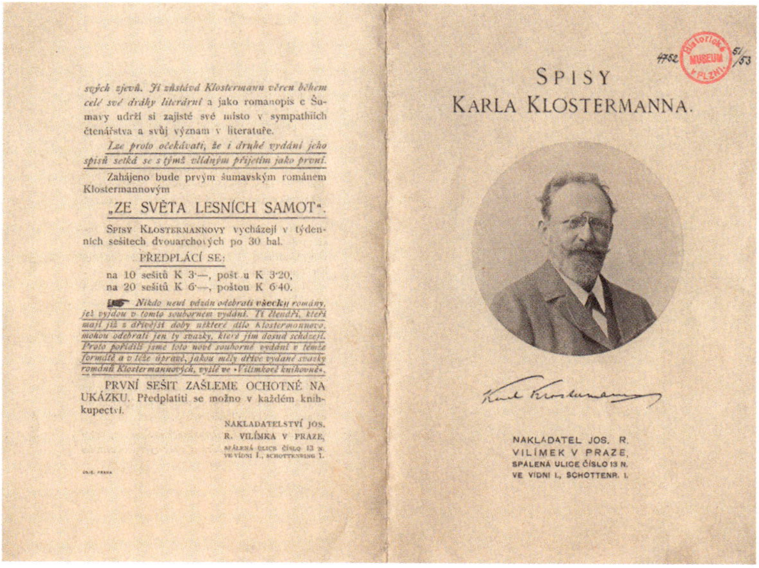
svých zjevů. Ji zůstával Klostermann věren během celé své dráhy literární a jako romanopis c Šumavy udrží si zajisté své místo v sympathiích čtenářstva a svůj význam v literatuře.

Lze proto očekávati, že i druhé vydání jeho spisů setká se s týmž vlídným přijetím jako první.

Zahájeno bude prvým šumavským románem Klostermannovým

„ZE SVĚTA LESNÍCH SAMOT".

Spisy Klostermannovy vycházejí v týdenních sešitech dvouarchových po 30 hal.

PŘEDPLÁCÍ SE:

na 10 sešitů K 3·—, poštou K 3·20,
na 20 sešitů K 6·—, poštou K 6·40.

Nikdo není vázán odebrati všecky romány, jež vydou v tomto souborném vydání. Ti čtenáři, kteří mají již z dřívější doby některé dílo Klostermannovo, mohou odebrati jen ty svazky, které jim dosud scházejí. Proto pořídili jsme toto nové souborné vydání v témže formátě a v téže úpravě, jakou měly dříve vydané svazky románů Klostermannových, vyšlé ve »Vilímkově knihovně«.

PRVNÍ SEŠIT ZAŠLEME OCHOTNĚ NA UKÁZKU. Předplatiti se možno v každém knihkupectví.

NAKLADATELSTVÍ JOS. R. VILÍMKA V PRAZE, SPÁLENÁ ULICE ČÍSLO 13 N. VE VÍDNI I., SCHOTTENRING 1.

SPISY KARLA KLOSTERMANNA.

NAKLADATEL JOS. R. VILÍMEK V PRAZE, SPÁLENÁ ULICE ČÍSLO 13 N. VE VÍDNI I., SCHOTTENR. 1.

Zwischen dem Autoren und dem Verleger gab es öfter Spannungen. Vilímek verlangte größere Produktivität.

Sie glauben gar nicht, wie es mich schmerzte und quälte, dass Sie ihr liebes Angesicht von mir Armem abgewendet haben. Ich überlegte, welche Schuld ich auf mich geladen haben könnte, dass Sie mich so hart strafen. Ich hatte auch schon überlegt, ob die bewegenden Episteln von Hermann über die „Plantagenherren" – Verleger u.ä. Eindruck auf Sie gemacht haben. Nun, sie können sich denken, was durch meinen armen, fast kahlen Kopf ging, als ich auf all meine Beschwerden keine Antwort erhielt.

Aus einem Brief von J. R. Vilímek an Klostermann, 1901

×

Ich arbeite fieberhaft, während mich Vilímek schon zum zweiten Mal gedrängelt hat. Du wirst vor Schreck erstarren, wenn du siehst, wie viel ich geschrieben habe in der verhältnismäßig kurzen Zeit ...

Aus einem Brief von K. Klostermann an seine Frau Betty, 1906

Verzeihen Sie mir, dass ich, kaum dass Sie sich in Ihrer Sommerresidenz niedergelassen haben und die Fische anzubeißen beginnen, mit einer Exekution komme, aber die Sorge, dass es eine Unterbrechung in der Ausgabe geben könnte, zwingt mich, diesen Brief zu schreiben.

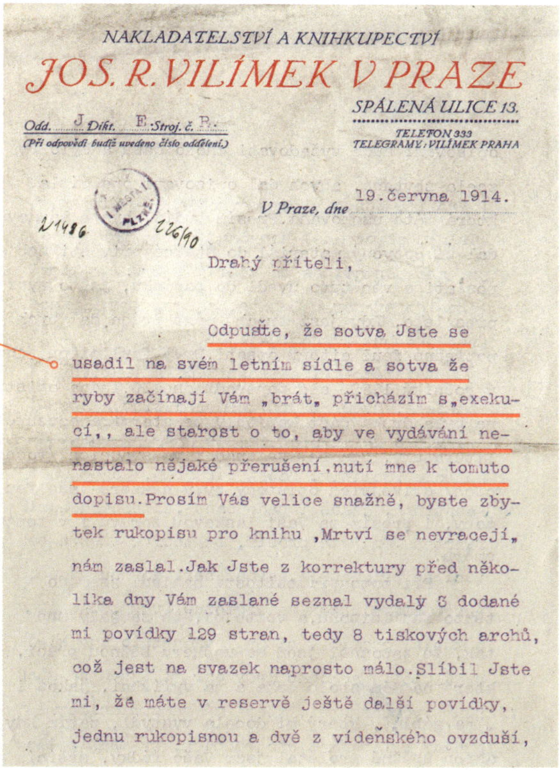

NAKLADATELSTVÍ A KNIHKUPECTVÍ
JOS. R. VILÍMEK V PRAZE
SPÁLENÁ ULICE 13.

Odd. J Dišt. E Stroj. č. R.
(Při odpovědi budiž uvedeno číslo oddělení.)

TELEFON 333
TELEGRAMY: VILÍMEK PRAHA

V Praze, dne 19. června 1914.

Drahý příteli,

Odpusťte, že sotva Jste se usadil na svém letním sídle a sotva že ryby začínají Vám „brát„ přicházím s „exekucí„, ale starost o to, aby ve vydávání nenastalo nějaké přerušení, nutí mne k tomuto dopisu. Prosím Vás velice snažně, byste zbytek rukopisu pro knihu „Mrtví se nevracejí„ nám zaslal. Jak Jste z korrektury před několika dny Vám zaslané seznal vydalý 5 dodané mi povídky 129 stran, tedy 8 tiskových archů, což jest na svazek naprosto málo. Slíbil Jste mi, že máte v reservě ještě další povídky, jednu rukopisnou a dvě z vídeňského ovzduší,

Ein Brief von Vilímek
an Klostermann, 1914

Vilímek bewarb seinen Verlag mit allen möglichen Mitteln, samt technischen Neuheiten. Sein Flug mit einem Godard-Ballon an die Ostsee war eine solche.

Die Mahnungen der Redakteure und die übrige Korrespondenz belegen den Druck auf den exponierten Schriftsteller.

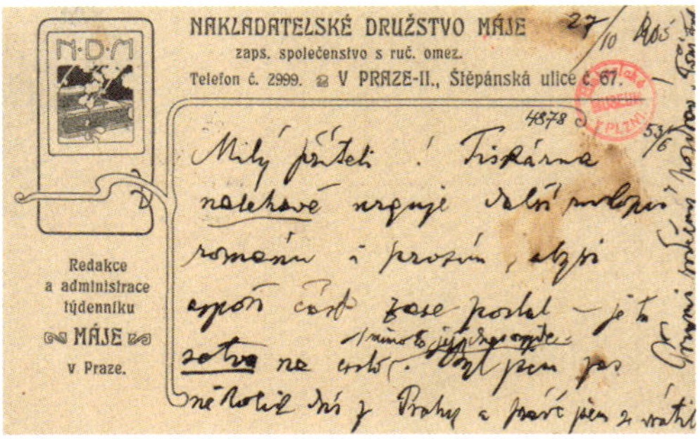

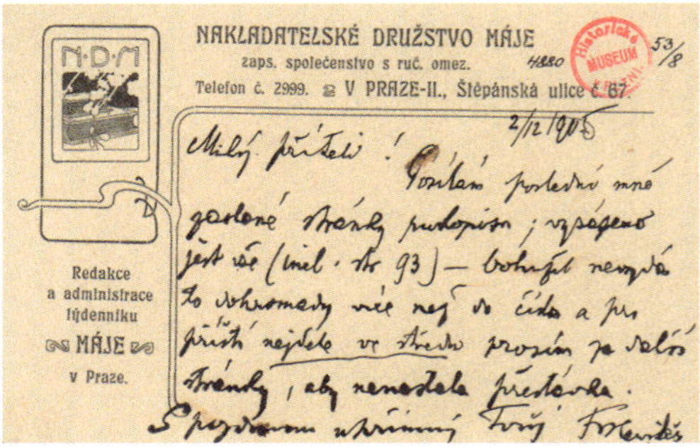

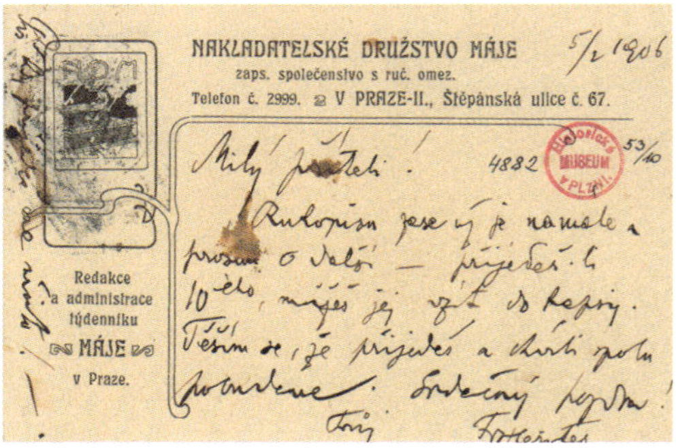

Der Roman *Suplent* (Der Hilfslehrer) verkauft sich hervorragend, so dass ich beschlossen habe, die Auflage zu erhöhen auf 4 500 Exemplare, was in unserer Literatur und vor allem in den verzweifelten Zeiten der allgemeinen Not viel bedeutet.

Aus einem Brief von J. R. Vilímek an Klostermann, 1913

Der Roman *Suplent* (Der Hilfslehrer) erscheint schon, gestern erhielt ich das 1. Heft; Vilímek hat sich doch wieder entschlossen, das Buch in Heften herauszugeben (und daneben in Bänden), weil, so schreibt er mir, würde er es alles auf einmal herausgeben, müsste er nur für Papier und Honorare für den Druck ganze 15 000 Kronen investieren, was angeblich aus geschäftlicher Sicht „unklug" wäre. Nun, das ist seine Sache … Das Buch wird große Furore machen.

Aus einem Brief von K. Klostermann an seine Frau Betty, 1913

KAREL KLOSTERMANN:

„TO BYL ŠPÁS!“

Črta ze Šumavy.

Kteréhos pošmurného dne koncem listopadu vrátil se Petr Kůs do Zádova, své rodné dědiny. Zádov jest jedna z četných dědin, tvořících velkou, staroslavnou obec Stachovskou v okresu Kašpersko-Horském, jednu z bývalých frejrychet.

Takto svérázný lid, ten stachácký; zvláštní typy, mluvící svým podřečím, připomínajícím velice na chodské. Praví se o nich, že který's dávný král český je sem přesídlil odněkad ze Slezska; určitého se o tom neví nic; písemných dokladů se nezachovalo, a tradice jsou velmi mlhavé. Faktum je, že Stacháka rozeznáš na první pohled jak od německých horalů na severu a na západě, tak i českých podlesáků, svírajících jeho území z jihu a z východu. Velké, kostnaté postavy, obličeje silně snědé, kaštanové vlasy a modré oči převládají, a silné orličí nosy připomínají na moravské Valachy. Takový typ byl Petr Kůs, suchý, vyčouhlý padesátník, chalupník Zádovský, takto „světák“, jako dobrá polovice všech jeho rodáků. Vidí s Churáňovské hory, s Úštíperku a s Javorníka do slunného českého kraje, daleko daleko, až pole, palouky, lesy i hory splývají v šedou mlhu, a tato vyhlídka do světa je snad pudí ven z úzkých mezí jejich obce, která má dojista větší rozlohu než Paříž, ač v ní žije jen něco přes 2000 obyvatelů. Jakmile po strašné šumavské zimě zavítá k nim vesna, „světáci“

KAREL KLOSTERMANN Fotogr. A. Duras.

Klostermann schreibt eine Erzählung, Fotografie aus der Zeitschrift *Plzeňské besedy* (Pilsener Unterhaltung), 1909–1910

Der Verleger und die Redakteure griffen in Klostermanns Texte ein, schlugen verschiedene Veränderungen und andere Titel vor.

Mit dem Vorschlag Ihr nächstes Buch „Šumavské novelly" (Böhmerwälder Novellen) zu nennen und später „Šumavské humoresky" (Böhmerwälder Humoresken), bin ich, Sie entschuldigen, überhaupt nicht einverstanden. Ich weiß aus eigener Erfahrung als Leser ebenso wie aus meiner Verlegerpraxis, dass sich Bücher mit solch einem schablonenhaften Titel sehr schlecht verkaufen, und deshalb schlage ich vor, das Buch nach der besten oder der längsten Erzählung zu benennen, die im Band enthalten ist …

Á propos der Titel für Ihren Roman: Sind sie endgültig entschlossen für „Skláři" (Die Glasmeister)? Mir – als Verleger – scheint dieser Titel etwas dünn, wenig verlockend …

Aus Briefen von J. R. Vilímek an Klostermann, 1895 und 1896

Wegen Vlček wurde Klostermann sogar zum „Rabenvater". Im Roman Za štěstím (Dem Glück entgegen) oder in Samoty (Einsamkeiten) hatte auch ein Mädchen ein Kind und Vlček befahl: „Das Kind muss weg!" und der Gutmensch Klostermann schaffte „das Kind" aus der Welt.

Über die Eingriffe des Redakteurs der Zeitschrift *Osvěta* (Aufklärung) in Klostermanns neuen Texten. M. Regal, *Život a dílo Karla Klostermanna* (Leben und Werk Karel Klostermanns), 1926

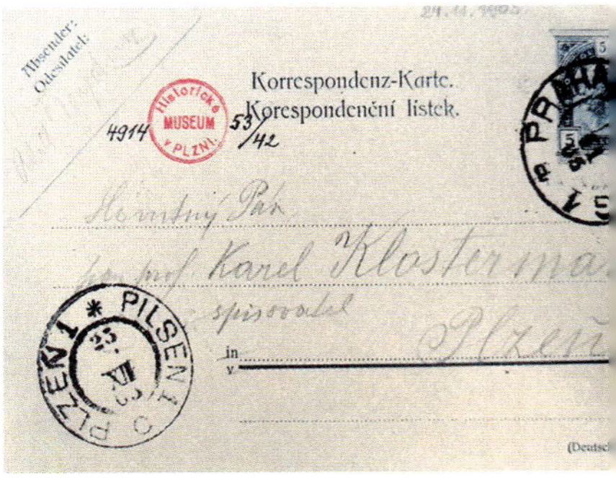

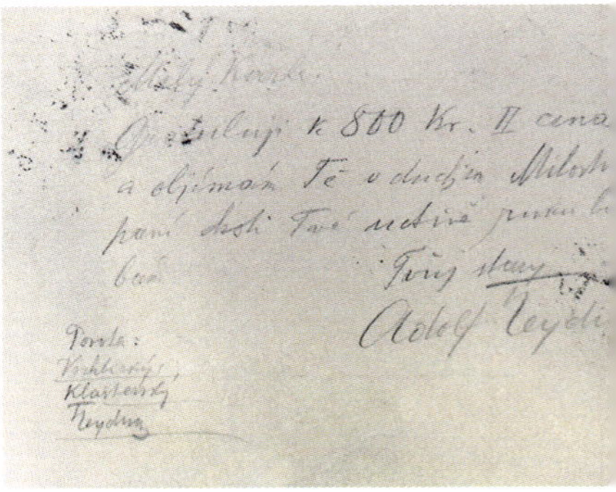

Lieber Karel, ich gratuliere zu den 800 Kr. II. Preis und umarme Dich im Geiste. Deiner lieben Frau Gattin küsse ich hochachtungsvoll die Hand. Dein alter Adolf Heyduk
Jury: Vrchlický, Klášterský, Heyduk

Korrespondenzzettel von A. Heyduk an Klostermann, 1905

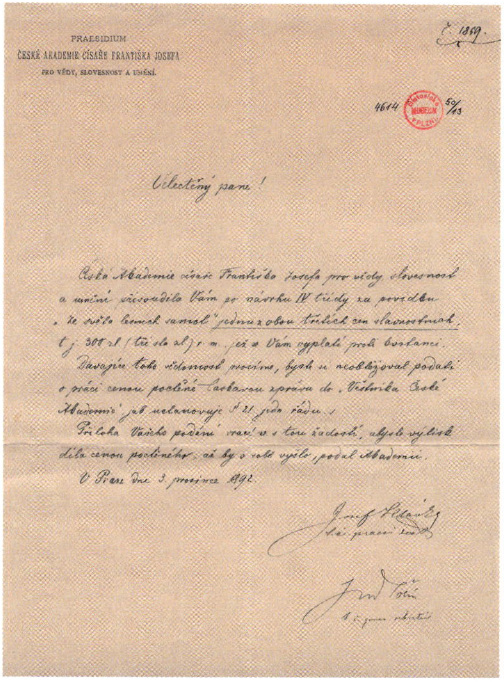

PRAESIDIUM
ČESKÉ AKADEMIE CÍSAŘE FRANTIŠKA JOSEFA
PRO VĚDY, SLOVESNOST A UMĚNÍ.

Č. 1869.

4614 50/13

Velectěný pane!

Česká Akademie císaře Františka Josefa pro vědy, slovesnost a umění přisoudila Vám po návrhu IV třídy za povídku „Ze světa lesních samot" jednu z obou třetích cen slavnostních t. j. 300 zl. (tři sta zl.) r. m., jež se Vám vyplatí proti kvitanci.

Dávajíce toho vědomost prosíme, byste se neobtěžoval podati o práci cenou poctěné laskavou zprávu do „Věstníka České Akademie" jak ustanovuje § 21 jedn. řádu.

Přílohu Vašeho podání vrací se s tou žádostí, abyste výtisk díla cenou poctěného, až by o sobě vyšlo, podal Akademii.

V Praze dne 3. prosince 1892.

Den Wert von Klostermanns Büchern erhöhten auch Literaturpreise – Klostermann erhielt im Verlauf der Zeit gleich mehrere davon von der Tschechischen Akademie.

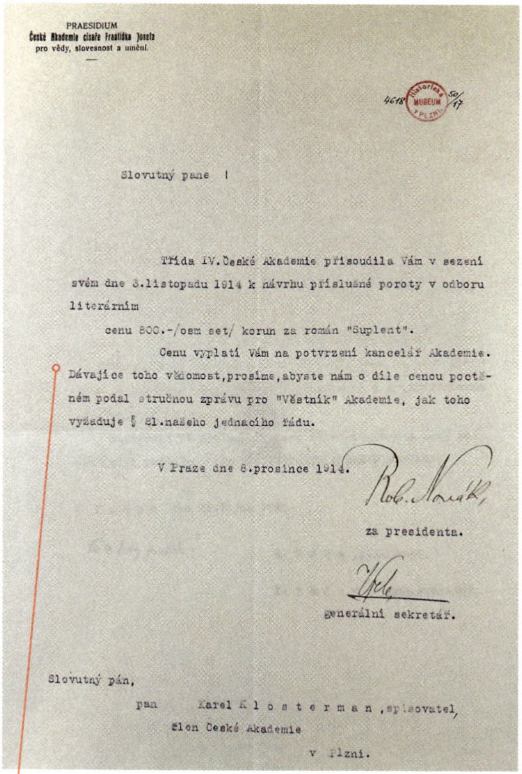

PRAESIDIUM
České Akademie císaře Františka Josefa
pro vědy, slovesnost a umění.

4618 50/17

Slovutný pane !

Třída IV.České Akademie přisoudila Vám v sezení svém dne 3.listopadu 1914 k návrhu příslušné poroty v odboru literárním

cenu 800.-/osm set/ korun za román "Suplent".

Cenu vyplatí Vám na potvrzení kancelář Akademie. Dávajíce toho vědomost,prosíme,abyste nám o díle cenou poctěném podal stručnou zprávu pro "Věstník" Akademie, jak toho vyžaduje § 21.našeho jednacího řádu.

V Praze dne 8.prosince 1914.

Rob. Novák,
za presidenta.

generální sekretář.

Slovutný pán,
pan Karel K l o s t e r m a n ,spisovatel,
člen České Akademie
v Plzni.

Die Tschechische Akademie hat Ihnen in ihrer Sitzung am 3. November 1914 auf Vorschlag der zuständigen Jury der Literaturabteilung den mit 800,- / achthundert/ Kronen dotierten Preis für den Roman *Suplent* (Der Hilfslehrer) verliehen.

KLOSTERMANN
Nefiltrovaný ležák
DUDÁK
DUDÁK - MĚŠŤANSKÝ PIVOVAR STRAKONICE
Nefiltrované pivo
1649
V RÁJI ŠUMAVSKÉM
KAREL KLOSTERMANN
Kapitola 3

Buch und Bier. Aktuelle Ausgaben von Klostermanns Werken gesponsert von der Brauerei Strakonice (Strakonitz).

Souvenirs zum 170. Geburtstag Klostermanns – Tasse mit dem Portrait des Schriftstellers und Anhänger mit einem Motiv aus Březník (Pürstling).

6

Die Leser und ihr Autor

Klostermanns Bücher waren erschwinglich, hatten einen ansprechenden Umschlag und verlockende Illustrationen. Letztere erweckten häufig den Eindruck einer Sensation, neben dem Abenteuer setzten sie auch auf Erotik.

Der Schriftsteller pflegte mit seinen Lesern engen Kontakt, kommunizierte intensiv mit ihnen. Er erhielt von ihnen eine Reihe von Bitten um ein Bild mit Autogramm, Kontaktanfragen zwecks gemeinsamer Diskussionen oder verschiedene Angebote, zum Beispiel zur Mitgliedschaft in örtlichen Vereinen. Kontakt zu ihm pflegten vor allem Mitglieder des Klub českých turistů (Klub tschechischer Wandertouristen), des Turnvereins Sokol oder verschiedener Sportorganisationen. Beleg für seine feste Bindung zu den Lesern ist auch der Umstand, dass er von ihnen häufig Geschenke erhielt. Insbesondere während des Krieges bot man ihm schwer erhältliche Ware an, zum Beispiel Mehl oder Tabak.

Klostermann ist einer der wenigen Schriftsteller des 19. Jahrhunderts, deren Popularität bei den Lesern über die Zeit ihres aktiven Schreibens hinausreichte. Zahlreiche Neuauflagen seiner Werke gab es in Vilímeks Verlag noch bis zum Jahr 1949. Zu den zuletzt verlegten Titeln gehörten die Romane *Ze světa lesních samot* (Aus der Welt der Waldeinsamkeiten), *Sklāři* (Die Glasmeister) und *Mlhy na Blatech* (Nebel über Blatta). Im Laufe der 50er Jahre erschienen im Státní nakladatelství krásné literatury (Staatsverlag für schöne Literatur) die gesammelten Werke Klostermanns, seine Bücher wurden zur Zeit der Normalisierung wie auch nach 1989 rege gekauft. Die Buchausgaben wurden zudem erweitert durch Einspielungen für den Rundfunk und Audiobücher. Die Popularität seiner Werke stieg noch einmal durch ihre filmische Bearbeitung.

Meine Frau und meine Tochter sind leidenschaftliche Leserinnen Ihrer Werke. Unser Sohn wird es in ein paar Jahren ebenso sein.

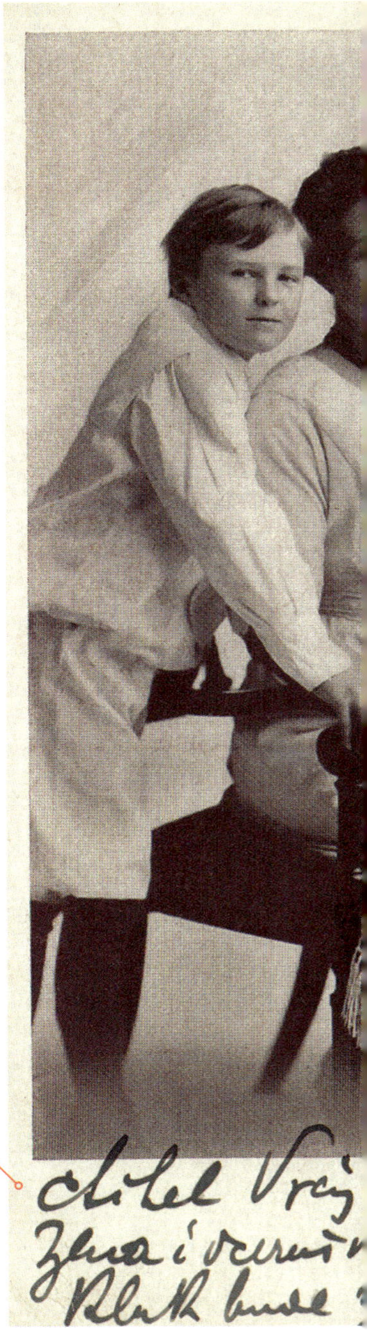

Aus einem Brief des bekannten
Weltreisenden E. S. Vráz an
Klostermann, 1913

Klostermanns bei Vilímek verlegte Bücher wurden im Verlauf der Zeit von den prominenten Künstlern K. Liebscher und V. Černý illustriert.

. . . povstala nevídaná řež . . . (Str. 113.)

Rezla se Slivkou v lese.

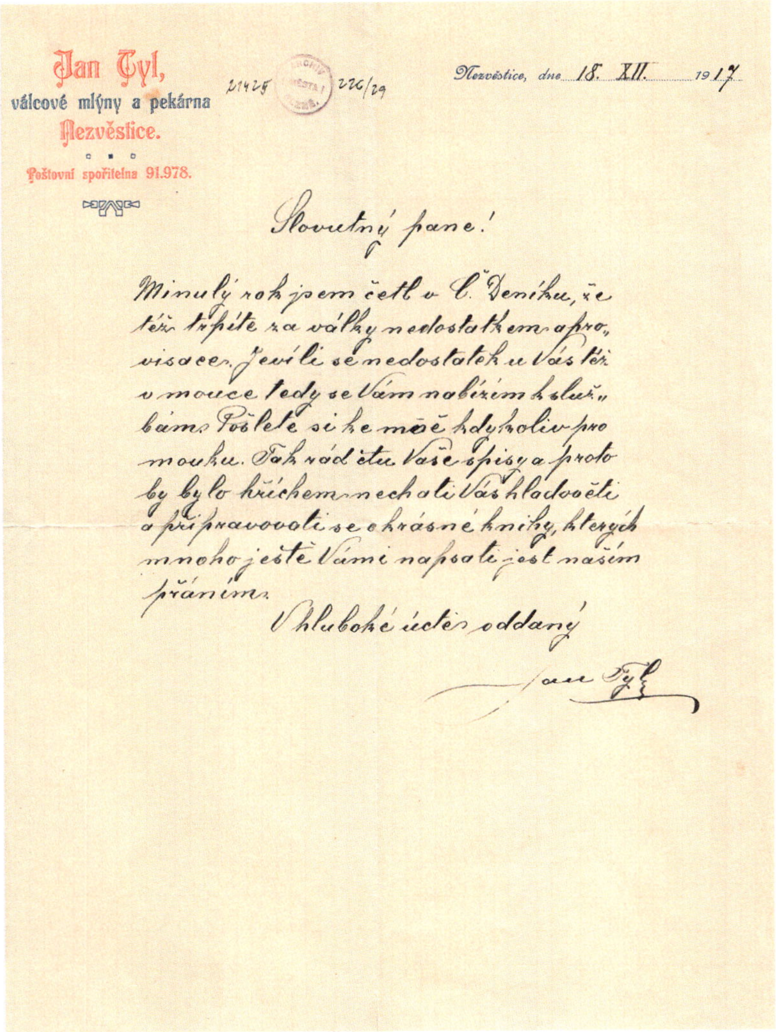

Jan Tyl,
válcové mlýny a pekárna
Nezvěstice.
Poštovní spořitelna 91.978.

21425 226/29

Nezvěstice, dne 18. XII. 1917

Slovutný pane!

Minulý rok jsem četl v Č. Deníku, že též trpíte za války nedostatkem aprovisace. Jeví-li se nedostatek u Vás též v mouce tedy se Vám nabízím k službám. Pošlete si ke mně kdykoliv pro mouku. Tak rád čtu Vaše spisy a proto by bylo hříchem nechati Vás hladověti a připravovati se o krásné knihy, kterých mnoho ještě Vámi napsati jest naším přáním.

V hluboké úctě oddaný

Jan Tyl

Leserbriefe an Klostermann

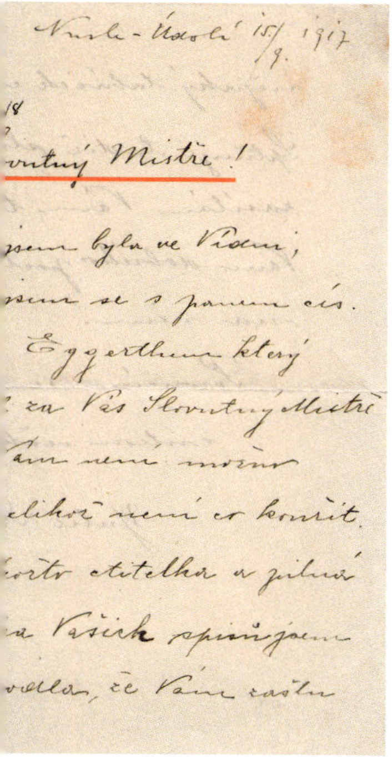

Nusle-Údolí 15/9. 1917

18

…vatý Mistře!

…jsem byla ve Vídni;

…sem se s panem čís.

Eggerthem který

…za Vás Slovutný Mistře

…ám není možno

…likož není co koupit.

…a Vašich spisů jsem

…vedla, že Vám často

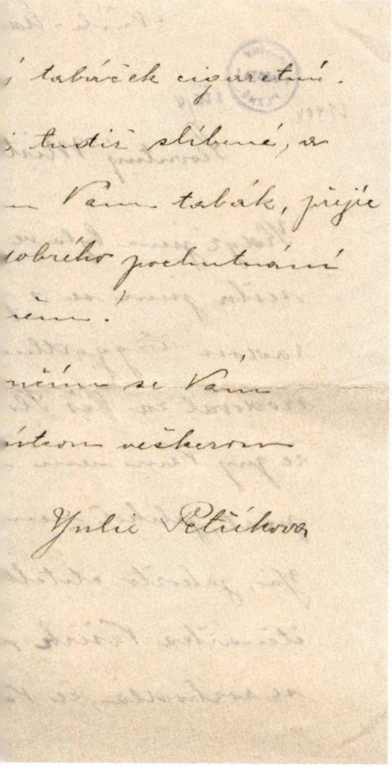

…tabáček cigaretní.

…tedy slíbené, a

…Vám tabák, přeje

…dobrého pochutnání

…ném.

…ním se Vám

…úctou veškerou

Julie Pečírkova

Vergangenes Jahr habe ich in *Český deník* (Tschechische Tageszeitung) gelesen, dass auch Sie unter den Nöten des Krieges leiden … Wann immer es vonnöten sein sollte, können Sie mich um Mehl bitten. Ich lese Ihre Werke so gern und da wäre es eine Sünde, Sie hungern zu lassen.

Aus einem Brief von J. Tyl

Verehrtester Herr, ich bin mir sicher, Ihr Bild wird mir Glück bringen, ich glaube fest daran und werde es bis zum Tod in Ehren halten, wie es ein Mensch nur tun kann für seine wertvollste Erinnerung. Mein Herr, mit Ihrem kostbaren Geschenk haben Sie mir die allergrößte Freude bereitet.

Aus einem Brief von R. Pauler

Ihre Beliebtheit hat sich vermehrt, Sie haben viele Freunde und Verehrer in breiten Kreisen. Ich selbst, als treuer Sohn der Böhmerwälder Heimat, bin förmlich verliebt in Sie.

Aus einem Brief von Dr. Chlum

Neben Čech, Mickiewicz, Shakespeare sind auch Sie zu meinem Liebling geworden.

Aus einem Brief von A. Lujko

Es waren für uns geistige Literaturfeste, wenn wir Ihre Erzählung *Osada pod Plohausenem* (Siedlung unter dem Plohausen) lasen und hörten. Wir konnten die Schönheit und das Grauen des Waldes spüren, dieses tiefen Waldes auf den höchsten Ebenen des Böhmerwaldes.

Aus einem Brief von J. Pečírka

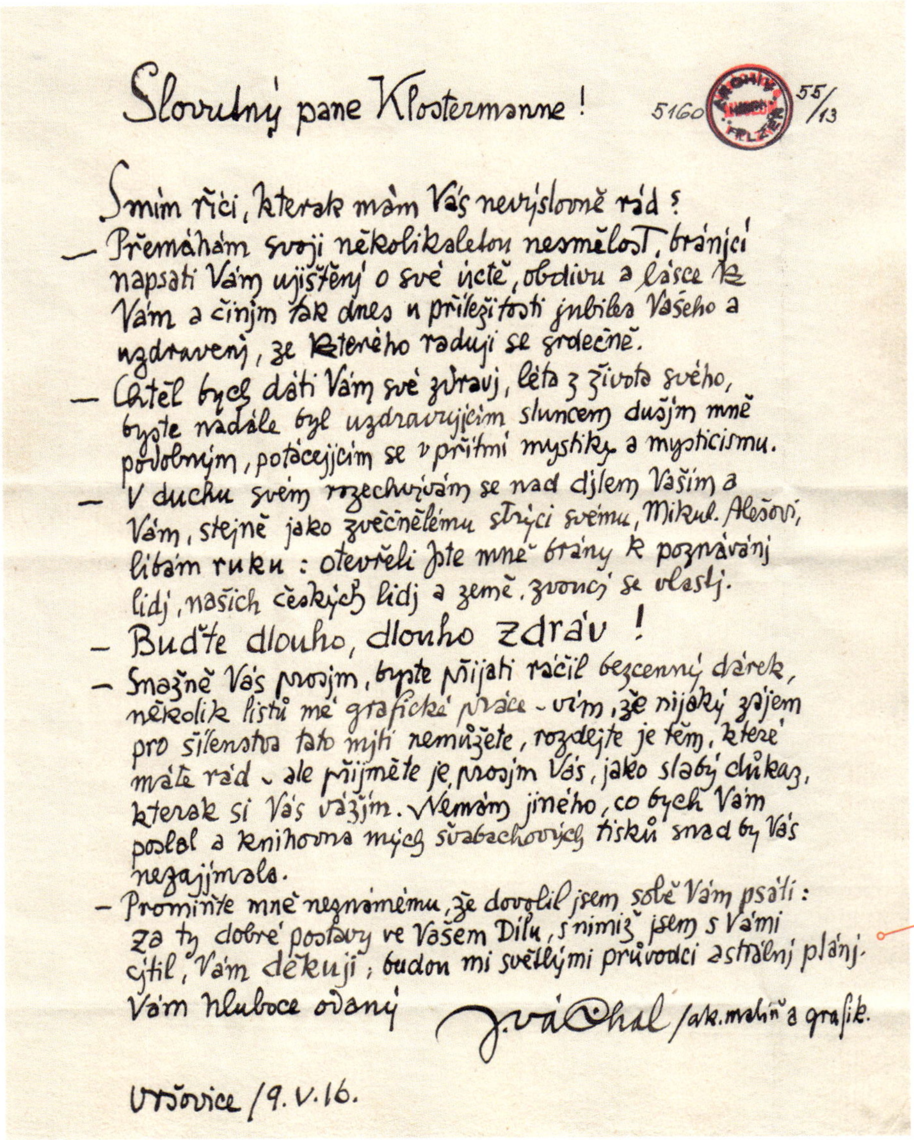

Slovutný pane Klostermanne ! 5160 55/13

Smím říci, kterak mám Vás nevýslovně rád ?

– Přemáhám svoji několikaletou nesmělost, bránjcí napsati Vám ujištěnj o své úctě, obdivu a lásce k Vám a činjm tak dnes u příležitosti jubilea Vašeho a uzdravenj, ze kterého raduji se srdečně.

– Chtěl bych dáti Vám své zdravj, léta z života svého, byste nadále byl uzdravujjcím sluncem dušjm mně podobným, potácejjcím se v přítmí mystiky a mysticismu.

– V duchu svém rozechvívám se nad djlem Vaším a Vám, stejně jako zvěčnělému strýci svému, Mikul. Alešovi, líbám ruku: otevřeli jste mně brány k poznávánj lidj, našich českých lidj a země, zvoucj se vlastj.

– Buďte dlouho, dlouho zdráv !

– Snažně Vás prosjm, byste přijati ráčil bezcenný dárek, několik listů mé grafické práce – vím, že nijaký zájem pro šílenstva tato mýtů nemůžete, rozdejte je těm, které máte rád – ale přijměte je, prosjm Vás, jako slabý důkaz, kterak si Vás vážjm. Nemám jiného, co bych Vám poslal a knihovna mých švabachových tisků snad by Vás nezajjmala.

– Promiňte mně neznámému, že dovolil jsem sobě Vám psáti: za ty dobré postavy ve Vašem Dílu, s nimiž jsem s Vámi cjtil, Vám děkuji; budou mi světlými průvodci astrálnj plánj.

Vám hluboce oddaný J. Váchal / ak. malíř a grafik.

Vršovice / 9. V. 16.

Zu Klostermanns Fans gehörte auch der berühmte Maler, Schriftsteller und Mystiker Josef Váchal, der nach eigener Aussage seine Bücher wiederholt las. Er schrieb ihm zwei bewundernde Briefe.

Verzeihen Sie mir, Unbekannter, dass ich mir erlaube, Ihnen zu schreiben: für die guten Charaktere in Ihrem Werk, mit denen ich mit Ihnen gefühlt habe, danke ich Ihnen; sie werden meine hellen Führer auf der Astralebene sein. In tiefer Verehrung für Sie J. Váchal, akademischer Maler und Grafiker

Postkarten von den tschechischen Weltreisenden Alois Svojsík und Enrique Stanko Vráz. Beide schreiben Klostermann, dass sie ihn verehren.

Návštěva knihovny v jednotlivých měsících. O školních prázdninách byla knihovna zavřena.

Měsíc	Osob	Počet vypůjčených knih					Celkem půjčeno knih
		zábavn.	poučných	časopisů	pro mládež	hudebn.	
Leden	1190	3066	414	70	—	19	3569
Únor	1204	2986	408	92	—	27	3513
Březen	1142	2802	326	104	—	50	3282
Duben	952	2377	332	97	—	38	2844
Květen	818	1656	220	32	—	24	1932
Červen	912	1076	108	19	—	19	1222
Září	984	2686	364	67	74	50	3241
Říjen	1103	2521	374	81	53	55	3084
Listopad	1270	3097	474	77	61	40	3749
Prosinec	1229	2967	436	108	52	64	3627
Celkem	10804	25234	3456	747	240	386	30063

Co se čte? To jest kapitola již méně radostná. Za nynějšího stavu personálu, kdy knihovník veškeré práce v knihovně koná sám a nemůže se proto věnovati čtenářům, výběr knih většinou jest náhodný, bez určitého plánu. Vytvořiti z knihovny lidovou školu, věnovati se jednotlivcům, raditi, pomáhati a vésti čtenáře, pro špatný stav obecních financí jest zatím hudbou budoucnosti.

Kandidátka III. ročníku učitelského ústavu si vypůjčila 87 knih. Autoři: Matula, Dostojevskij, Hamsun, Majerová, Svobodová, Svoboda, Balzac, Čapek-Chod, Tolstoj, Björnson, Sova, Šlejhar, Čech, Karásek, Šalda, Téver, Nováková, Mahen, Jesenská, Dumas, Rousseau, Toman, Dvořák, Flamarion, Bourget, Flaubert, Maupassant.

Nádražní dělník: Svoboda, Arbes, Klecanda, Klostermann, Chocholoušek, Herrmann, Svátek, Šír, Herloš, Dumas, Marlittová, Verne, d'Ivoi, London, Sokol-Tůma, Ohnet, Daudet, Čapek-Chod, Hladík, Řezníček, Olbracht, Seton-Thompson, Lesueur, Robinson, Vlček, Stroupežnický, Schulz.

Služebná: Světlá, Svoboda, Lužická, Podlipská, Jirásek, Klecanda, Carlénová, Lesueur, Ohnet, Marlittová, Schwartzová, Krásnohorská, Vlček, Hladík, Nováková, Mrštíkové, Klostermann, Verne (!), Štech, Šír, Šimáček, Svátek, Rais.

Učeň: Verne, Jirásek, London, Seton-Thompson, Domácí dílna, Vynálezy a pokroky, Epocha, Z říše vědy a práce, Malý čtenář, Vlček, Herloš, Chocholoušek, Defoe, Honza, Besedy lidu, Svátek, Švanda dudák, Žípek, Soukup, Sommer-Batěk, Sokol-Tůma.

V r. 1924 byly nejvíce čteny: Klecanda Cizí krev (34x), Verne Doktor Ox (33), Jirásek Temno (33), Brodský Vzbouřené svědomí (31), Baar Jan Cimbura (31), Dumas Tři mušketýři (28), Rais Paničkou (28), Ohnet Mučedník (27), Jirásek Psohlavci (26), Balzac Ztracené illuse (24), Svoboda Rozkvět (24), Klostermann Skláři (24), London Volání divočiny (24), Rais Kalibův zločin (24), Svobodová Černí myslivci (24), Nováková Drašar (23), Hladík Evžen Voldán (23), Verne Černé Indie (23), Svobodová Milenky (23), Svoboda Vlna za vlnou se valí (21) atd.

— 10 —

Statistiken aus der Zeit der Ersten Tschechoslowakischen Republik belegen, dass Klostermanns Werke zu den begehrtesten in der Bibliotheksausleihe gehörten.

»SVATOPLUK ČECH«
spolek pro udržování a zřizování českých knihoven ve Vídni,
I. okr. Drachengasse 3.
(Český dům.)
Poštovní spořitelna číslo 84.311.

Vídeň,

463

Slovutný mistře!

Výbor Svatopluka Če
si pokládá za svou milou
zaslati Vám svou půlroční
dle níž těší se Vaše díla
historických děl Aloise
největší čtenosti. Dlužno
doknouti, že by bylo
Vašich čtenářů, kdyby
postavce v plném roz
věci. Jsme tím šťastni,
me při propagandě če
v naší menšině vídeňs
Vaše díla, slovutný mi
měrou uplatniti.

Der Wiener Heimatverein versichert Klostermann, dass sich seine Werke in den Büchereien der Organisation „größter Beliebtheit erfreuen".

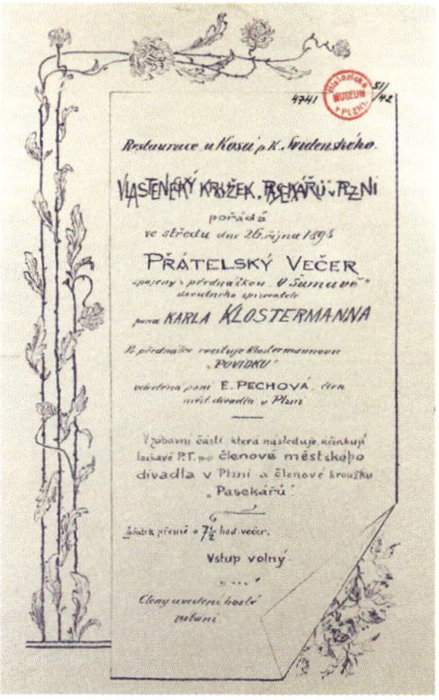

4741 51/42

VLASTENECKÝ KROUŽEK PASEKÁŘŮ v PLZNI

pořádá

PŘÁTELSKÝ VEČER

pana KARLA KLOSTERMANNA

„POVÍDKU"

E. PECHOVÁ

členové městského
divadla v Plzni a členové kroužku
„Pasekářů"

Vstup volný

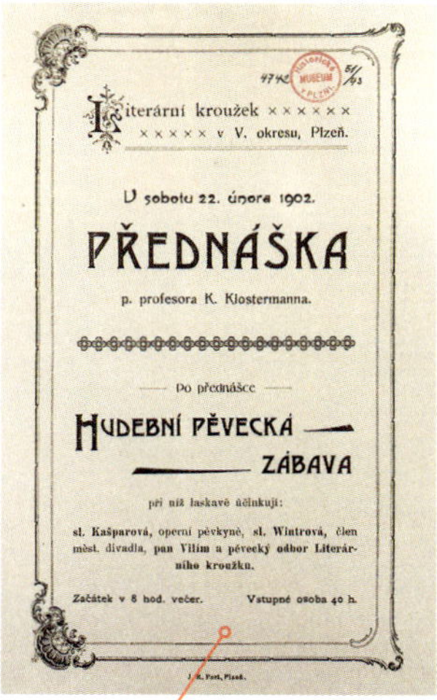

4742 51/43

Literární kroužek × × × × × ×
× × × × × v V. okresu, Plzeň.

V sobotu 22. února 1902.

PŘEDNÁŠKA

p. profesora K. Klostermanna.

Po přednášce

HUDEBNÍ PĚVECKÁ
ZÁBAVA

při níž laskavě účinkují:

sl. Kašparová, operní pěvkyně, sl. Wintrová, člen měst. divadla, pan Vilím a pěvecký odbor Literárního kroužku.

Začátek v 8 hod. večer. Vstupné osoba 40 h.

J. R. Port, Plzeň.

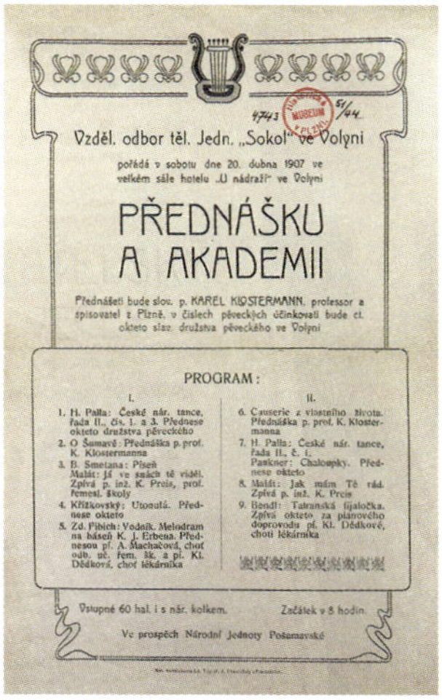

4743 51/44

Vzděl. odbor těl. Jedn. „Sokol" ve Volyni

pořádá v sobotu dne 20. dubna 1907 ve velkém sále hotelu „U nádraží" ve Volyni

PŘEDNÁŠKU
A AKADEMII

Přednášeti bude slov. p. KAREL KLOSTERMANN, professor a spisovatel z Plzně, v číslech pěveckých účinkovati bude ct. okteto slav. družstva pěveckého ve Volyni

PROGRAM:

I.

1. H. Palla: České nár. tance, řada II., čís. 1. a 3. Přednese okteto družstva pěveckého
2. O Šumavě: Přednáška p. prof. K. Klostermanna
3. B. Smetana: Píseň. Malát: Já ve snách tě viděl. Zpívá p. inž. K. Preis, prof. řemesl. školy
4. Křížkovský: Utonulá. Přednese okteto
5. Zd. Fibich: Vodník. Melodram na báseň K. J. Erbena. Přednesou pí. A. Machačová, choť odb. uč. řem. šk. a pí. Kl. Dědková, choť lékárníka

II.

6. Causerie z vlastního života. Přednáška p. prof. K. Klostermanna
7. H. Palla: České nár. tance, řada II., č. 1. Paskner: Chaloupky. Přednese okteto
8. Malát: Jak mám Tě rád. Zpívá p. inž. K. Preis
9. Bendl: Tatranská fijaločka. Zpívá okteto za pianového doprovodu pí. Kl. Dědkové, choti lékárníka

Vstupné 60 hal. i s nár. kolkem. Začátek v 8 hodin.

Ve prospěch Národní Jednoty Pošumavské

Klostermann wurde häufig zu Gesprächsrunden, Vorträgen und Literaturabenden eingeladen, er wurde zum Mitglied verschiedener Vereine ernannt.

Vortrag von Prof. Klostermann, anschließend musikalische Unterhaltung mit Gesang.

Untersuchung zur Rezeption in allgemeinen Bibliotheken (1925)

Autor	Stimmen
A. Jirásek	278
K. V. Rais	138
B. Zahradník Brodský	129
I. Hermann	125
K. Klostermann	106
A. Dumas	78
J. Š. Baar	58
V. Beneš Třebizský	42
J. Verne	42
H. Sienkiewicz	41
K. Světlá	36
J. London	33
È. Zola	31

Der Böhmerwaldabend in unserem Klub … hat eine Vielzahl ausgewählter Gäste versammelt, sowohl von den Mitgliedern unseres Klubs als auch geladene Gäste, so dass der gemütliche Saal des Hotels Na poště (Zur Post) beinahe überfüllt war. … Der Saal war für diesen Abend geschmackvoll dekoriert. An den Wänden waren rundherum Fichten aufgestellt, auch die Fahnen und Leuchter waren mit Zweigen geschmückt, vorn unter der Flagge des Klubs war eine große Fotografie unseres seltenen Gastes an diesem Abend aufgestellt (in Lebensgröße), von Herrn Professor Klostermann, auf der gegenüberliegenden Seite waren alle seine bisher erschienenen Schriften ausgestellt.

Reportage über den Verlauf eines Vortrags von Karel Klostermann, Bericht des Fahrradklubs Slaný (Schlan), 1905

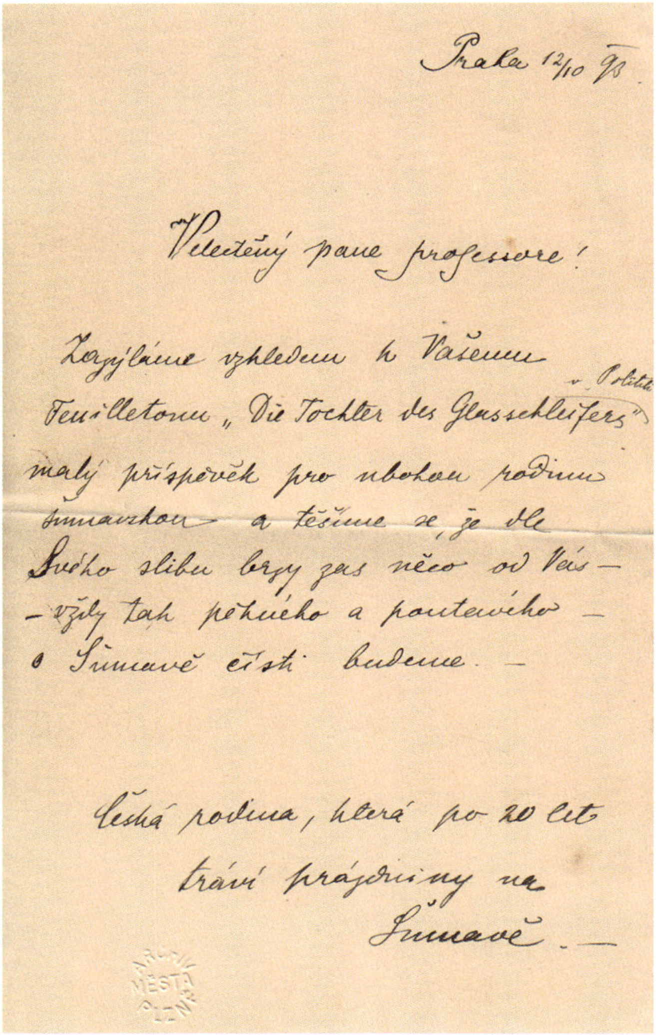

Praha 12/10 98.

Velectěný pane professore!

Zasýláme vzhledem k Vašemu v Politik Feuilletonu „Die Tochter des Glasschleifers" malý příspěvek pro ubohou rodinu šumavskou a těšíme se, že dle Svého slibu brzy zas něco od Vás – vžily tak pěkného a poutavého – o Šumavě čísti budeme. –

Česká rodina, která po 20 let tráví prázdniny na Šumavě. –

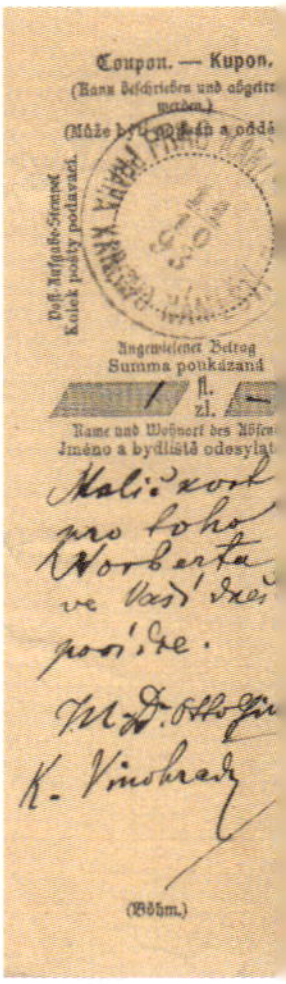

Coupon. — Kupon.

Post-Aufgabe-Stempel
Kolek pošty podavací

Angewiesener Betrag
Summa poukázaná

1 fl. — zl.

Maličkost pro toho Norberta ve Vaší dnešní povídce.

M. D.
K. Vinohrady

(Böhm.)

Eine Kleinigkeit für den Norbert in Ihrer heutigen Erzählung

Nachricht eines spendenden Lesers an die Redaktion

Der Autor beeindruckte die Leser schon mit seinen deutschen Texten in der Tageszeitung Politik. Einer von ihnen, *Dcera sklářova* (Die Tochter des Glasschleifers), initiierte sogar eine Spendensammlung für eine arme Familie, die im Werk beschrieben ist. Die Spender waren Deutsche und auch Tschechen. Rechts sind Geldüberweisungen von Lesern zu sehen, die der Redaktion zugeschickt wurden.

Ein Leserbrief mit einem „kleinen Beitrag" und der Unterschrift „Eine tschechische Familie, die schon seit zwanzig Jahren im Böhmerwald Urlaub macht".

Überblick über Buchausgaben

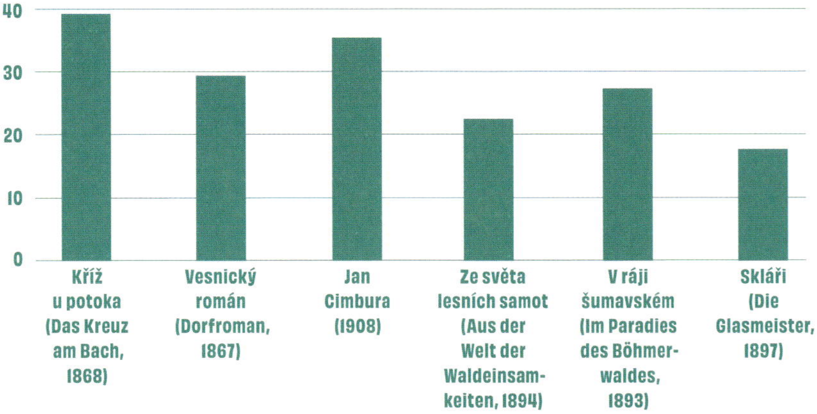

Die andauernde Popularität von Klostermanns Böhmerwaldromanen ist vergleichbar mit den klassischen Werken der tschechischen Literatur aus der zweiten Hälfte des 19. Jahrhunderts, wie zum Beispiel der *Vesnický román* oder *Kříž u potoka* (Dorfroman oder Das Kreuz am Bach) von Karolina Světlá oder *Jan Cimbura* von Jindřich Šimon Baar (die Grafik zeigt eigenständige Buchausgaben ab der ersten Ausgabe bis zum Jahr 2022).

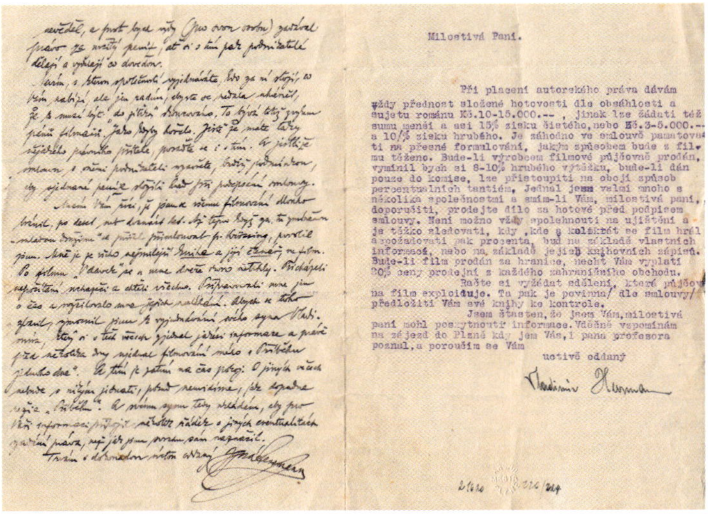

Milostivá Paní.

Při placení autorského práva dávám vždy přednost složené hotovosti dle obsáhlosti a sujetu románu Kč.10-15.000.-- , jinak lze žádati též sumu menší a asi 15% zisku čistého, nebo Kč.3-5.000.-- a 10/% zisku hrubého. Je záhodno ve smlouvě pamatovati na přesné formulování, jakým způsobem bude z filmu těženo. Bude-li výrobcem filmové půjčovně prodán, vyminil bych si 8-10% hrubého výtěžku, bude-li dán pouze do komise, lze přistoupiti na obojí způsob percentualních tantiém. Jednal jsem velmi mnoho s několika společnostmi a smím-li Vám, milostivá paní, doporučiti, prodejte dílo za hotové před podpisem smlouvy. Není možno vždy spolehnouti na ujištění a je těžko sledovati, kdy ,kde a kolikrát se film hrál a požadovati pak procenta, buď na základě vlastních informací, nebo na základě jejich knihovních zápisů. Bude-li film prodán za hranice, nechť Vám vyplatí 20% ceny prodejní z každého zahraničního obchodu.

Račte si vyžádat sdělení, která půjčovna film exploituje. Ta pak je povinna/ dle smlouvy/ předložiti Vám své knihy ke kontrole.

Jsem šťasten, že jsem Vám, milostivá paní mohl poskytnouti informace. Vděčně vzpomínám na zájezd do Plané kdy jsem Vás, i pana profesora poznal, a poroučím se Vám

uctivě oddaný

Vladimír Herman

Korrespondenz zwischen Betty Klostermann, Ignát Hermann und seinem Sohn Vladimír über die Möglichkeiten, wie man von den Filmrechten für das Werk ihres Ehemannes profitieren könnte.

Ich weiß nicht, mit welcher Gesellschaft Sie verhandeln, wer hinter dem Namen steht, was Ihnen geboten wird, aber ich rate ihnen, sich nicht drängen zu lassen, dass alles „bis morgen" fertig sein muss. Das tun nämlich die Herren vom Film gewöhnlich so. Als ob es ein Feuer zu löschen gäbe. Bei der Auszahlung der Autorenrechte bevorzuge ich immer Barzahlung je nach Umfang des Romansujets zwischen 10–15 000 Kč ... Es ist ratsam im Vertrag an die genaue Formulierung zu denken, wie aus dem Film Gewinn erbracht werden soll.

Aus einem Brief vom Filmproduzenten V. Hermann an Betty Klostermann, 1925

Bereits gegen Ende von Klostermanns Leben interessierte sich die Filmindustrie für sein Werk. Auf Grundlage seiner Vorlagen erschienen schließlich mehrere Aufnahmen: *Ze světa lesních samot* (Aus der Welt der Waldeinsamkeiten, 1933), *Pozdní láska* (Späte Liebe, 1935) und *Mlhy na Blatech* (Nebel über Blatta, 1943). Auch die Verfilmung von *Světák z Podlesí* (Der Weltmann aus Vogelsang) wurde erwogen.

Ze světa lesních sa
Podle slavného románu Karla Klostermanna;
poctěno nejvyšší cenou České Akademie
Režie: M.J.Krňanský
Hrají: BLANKA VALESKÁ, MARLIS GINALSKÁ,
E.SEDLÁČKOVÁ, A.TŘEBOVSKÝ, V.BORSKÝ,

Waldeinsamkeiten, wilder, wüster Wald – bleibende Klostermann-Bilder. Der Film von Ivan Vojnár aus dem Jahr 1997 zitiert die Verfilmung des Romans *Ze světa lesních samot* (Aus der Welt der Waldeinsamkeiten) von M. J. Krňanský aus den 30er Jahren.

7

Hinauf in den Böhmerwald

Mitte der 70er Jahre des 19. Jahrhunderts wird die Gegend des westlichen Böhmerwaldes, der sogenannte Královský hvozd (Königlicher Forst) mit dem Černé jezero (Schwarzen See) und dem Čertovo jezero (Teufelssee) zum besser erreichbaren Ziel für Touristen. Es entstehen erste Unterkünfte und die ersten markierten Wege, der Böhmerwald wird allmählich mit dem Landesinneren durch die erste Eisenbahnstrecke verbunden.

Klostermann spielte bei der Popularisierung des Gebirges eine wichtige Rolle. Die Leser seiner Romane kamen aus breiten Schichten der Stadtbevölkerung, für die der Aufenthalt in der Natur zur immer beliebteren Freizeitbeschäftigung zu werden begann. Das Bergland wurde zum beliebten Ziel für mehrtägige Ausflüge ebenso wie für sog. Sommerresidenzen.

Der Autor ließ seine Prosa ausschließlich in der Gegend des westlichen Böhmerwaldes handeln, das heißt an den Orten, welche wir heute als „zentralen" Böhmerwald wahrnehmen. Schauplatz seiner Erzählungen sind die Orte, welche für den Böhmerwald geradezu emblematisch geworden sind (d. h. Pürstling, Maderer Filze, Widra, Rachel oder Lusen).

So schuf er ein Repertoire an Orten, die trotz ihrer schweren Zugänglichkeit und fehlendem Reiz zum Besuch aufforderten. Er konnte seine Leser überzeugen, solche Elemente zu schätzen, die bis dahin eher Desinteresse oder sogar Abscheu hervorgerufen hatten. Dank Klostermann wurde der Blick auf Moore, Gewirr modernder Baumstümpfe oder undurchdringliches, vor allem undurchschaubares Gestrüpp attraktiv. Klostermann hat faktisch die Aufmerksamkeit von der Landschaft auf die Natur umgelenkt. Auf die Natur des Zerfalls und der Vergängnis.

Die touristische Kolonisierung des Böhmerwaldes hatte zugleich den Charakter eines nationalen Zusammenstoßes. Verschiedene Nationalvereine versuchten hier zu dominieren. Neben dem Turnverein Sokol, dem Klub českých turistů (Klub tschechischer Wandertouristen) oder dem deutschen Turnverein waren auch der Regionalverband des Národní jednota pošumavská (Böhmerwald-Nationalverein) und der Deutsche Böhmerwaldbund aktiv.

Klostermann wurde in diesem Wettstreit zum Garant der tschechischen Ansprüche auf den Böhmerwald.

KLUB ČESKOSLOVEN

(CLUB DES TOURISTES TC

Čís. ústředí

~~15843~~

ODBOR: S u

P.T. Karel

spi

jest členem čestn

Předseda Klubu:

Dr. J. St. Guth-Jarkovský.

KLUB ČESKOSLOVENS

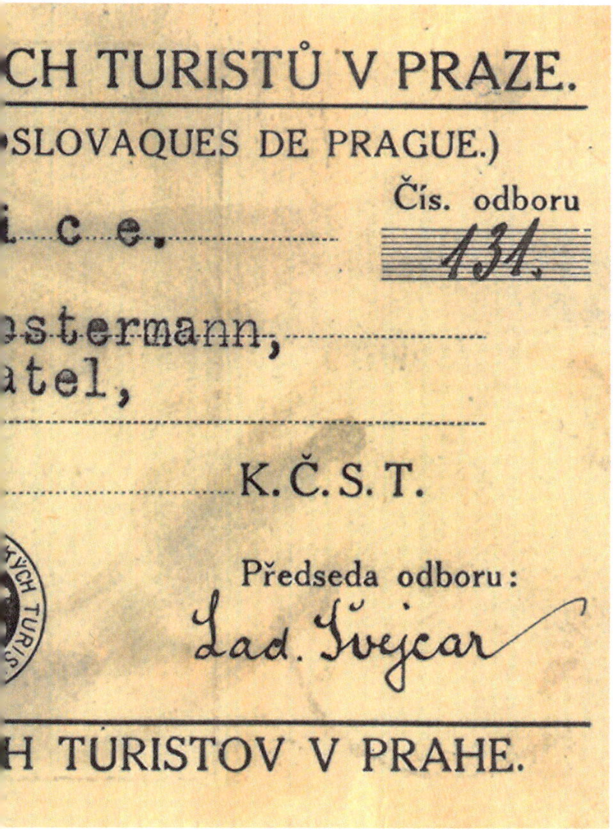

Der Schriftsteller war Ehrenmitglied im Klub českých turistů (Klub tschechischer Wandertouristen). Sein Ausweis wurde nach 1915 ausgestellt.

Böhmerwald-Touristen auf zeitgenössischen Fotografien. Das literarische Interesse für das Bergland ist verbunden mit der Verbreitung des neuen Mediums. Die erste Serie mit Fotografien aus dem Böhmerwald machte in den 70er Jahren Ignác Kranzfelder. Ihm eiferte eine Reihe weiterer Fotografen nach, deren Bilder gerne in zeitgenössischen Zeitschriften abgedruckt wurden.

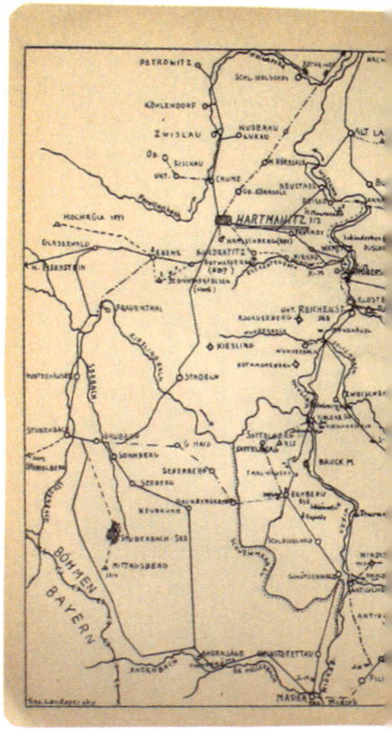

Karte mit Wanderwegen im Böhmerwald um 1900

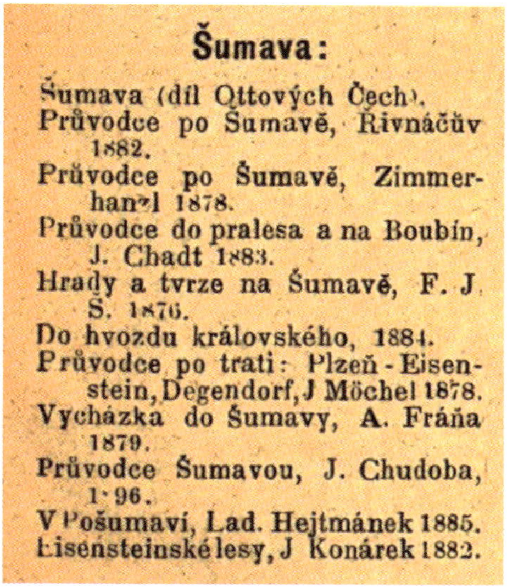

Šumava:

Šumava (díl Ottových Čech).
Průvodce po Šumavě, Řivnáčův 1882.
Průvodce po Šumavě, Zimmerhanzl 1878.
Průvodce do pralesa a na Boubín, J. Chadt 1883.
Hrady a tvrze na Šumavě, F. J. S. 1876.
Do hvozdu královského, 1884.
Průvodce po trati: Plzeň-Eisenstein, Degendorf, J Möchel 1878.
Vycházka do Šumavy, A. Fráňa 1879.
Průvodce Šumavou, J. Chudoba, 1896.
V Pošumaví, Lad. Hejtmánek 1885.
Eisensteinské lesy, J Konárek 1882.

Überblick über die bis 1897 herausgegebenen tschechischen Reiseführer über den Böhmerwald

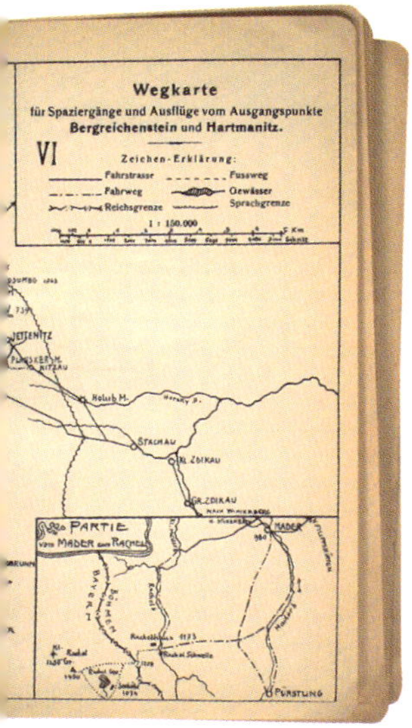

Die geeignetste Reisezeit für den Böhmerwald liegt zwischen dem 15. Juni und dem 15. September. Der Böhmerwald ist heikel durch die häufigen Regenschauer ... daher ist es ratsam sich mit genug Wechselwäsche, einem Mantel, der gut vor Regen schützt, auszustatten oder sogar einen gänzlich wasserdichten Anzug anzuziehen. Für größere Touren schadet es nicht, sich mit einer Trinkflasche mit erfrischendem Getränk und einem Glas für Wasser auszustatten, mit gut konservierten Lebensmitteln, zudem ist es immer empfehlenswert Seife und Kamm dabei zu haben, da selbige bisher in keinem Hotel zu bekommen sind, auch einige Medikamente (Opiumtropfen gegen Durchfall und Koliken, Bicarbonat gegen Sodbrennen, Salicylwatte gegen wunde Stellen auf der Haut).

Vilímeks Reiseführer für den Böhmerwald, 1905

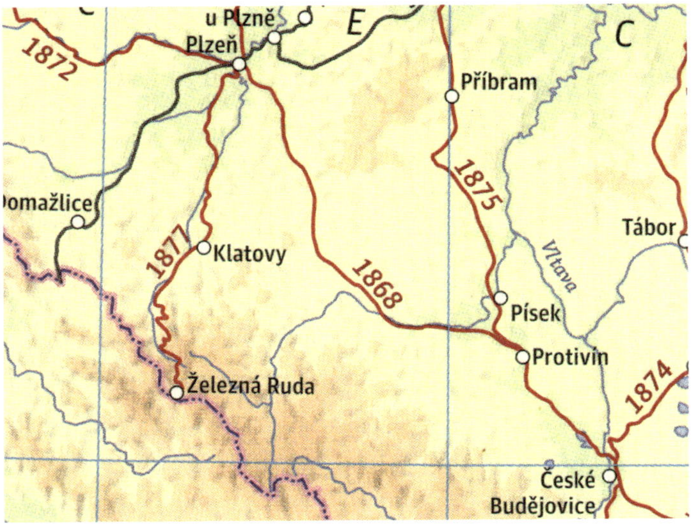

„OSSER“ VON DER EISENBAHN

Die Eisenbahnstrecke, welche im Jahr 1877 Böhmisch-Eisenstein anschloss, hatte den Charakter einer Ausflugsstrecke. Das zeigen zeitgenössische Grafiken, auf denen sie deutlich als Panoramastrecke dargestellt wird.

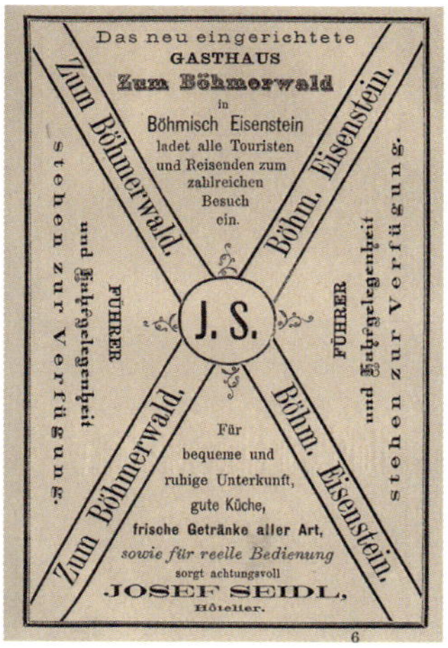

Das neu eingerichtete
GASTHAUS
Zum Böhmerwald
in
Böhmisch Eisenstein
ladet alle Touristen
und Reisenden zum
zahlreichen
Besuch
ein.

Zum Böhmerwald. Böhm. Eisenstein.

FÜHRER und Fuhrgelegenheit stehen zur Verfügung.

J. S.

Für
bequeme und
ruhige Unterkunft,
gute Küche,
frische Getränke aller Art,
sowie für reelle Bedienung
sorgt achtungsvoll
JOSEF SEIDL,
Hôtelier.

6

Prokopova restaurace a pensionát na tunelu Špicbergském (v Šumavě).

Podepsaný doporučuje svoji restauraci a byty P. T. cestujícím, výletníkům i těm, kdož chtějí stráviti letní měsíce na venku. Vše je vkusně a k největšímu pohodlí zařízeno. Krásné pokoje, 40 na počet, koupele, výtečná kuchyně, hojný výběr lahůdek a vína všeho druhu, *plzeňské pivo* z měšťanského pivovaru v Plzni, jakož i správná a rychlá obsluha očekává zde každého.
Pensionát a restaurace má jest od stanice stejného jména asi 15 minut vzdálena, nachází se na velmi romantickém místě, poskytuje rozkošnou vyhlídku na Šumavu, solnohradské a tyrolské Alpy a jest zároveň východištěm všech krásných výletů do Šumavy, zejména k „Černému" a „Čertovu jezeru", na „Jezerní stěnu" a j. v. Ke každému vlaku dojíždí zvláštní příležitost. Tamtéž nalézá se telegrafní stanice a poštovní úřad, takže psaní jakož i veškeré poštovní zásilky 2krát denně až do domu se dodávají.
Průvodci pro cestovatele jsou vždy pohotově. Příležitosti a povozy jsou v domě vždy k službám.
Ochotně udělím zprávy a pokynutí v příčině výletů do Šumavy.

PROKOP.

HOTEL A ZÁJEZDNÍ HOSTINEC
„U TŘÍ KOHOUTŮ"
v Č. BUDĚJOVICÍCH, na náměstí.

Nový, elegant. postavený. Moderně zaříz. vzdušné pokoje pro P. T. cestující k disposici. Chvalně známá dobrá kuchyně v každý čas. Dobře vyleželé pivo budějovické a plzeňský „Prazdroj". Jen přírodní vína. Obsluha vzorná, omnibus u vlaku, povozy v domě a v každý čas k disposici. Recomandé, automobilismus, turistika, cyklistika.

A. J. Pátek, hotelier,
dř. v Libochovicích „U čer. orla".

Die sich entwickelnde touristische Infrastruktur diente Tschechen ebenso wie Deutschen. Hütten, Hotels, Restaurants haben tschechische ebenso wie deutsche Inhaber, in beiden Sprachen werden Karten und Reiseführer herausgegeben, manche sogar parallel.

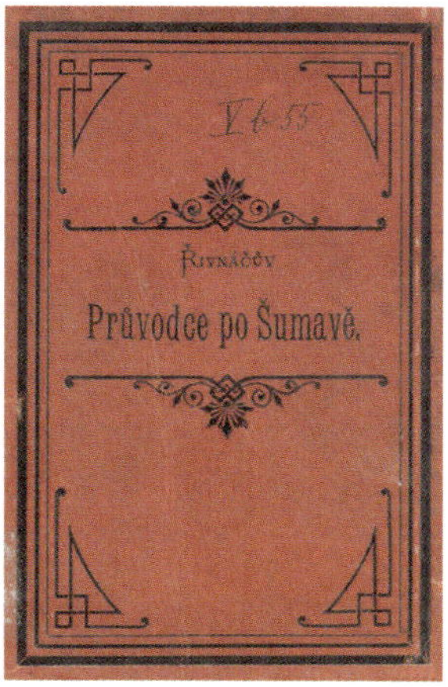

=

Touristinnen unter dem Lusen (Luzný), zeitgenössische Postkarte. Unter den Besuchern des Böhmerwaldes waren immer öfter auch Frauen. Klostermann zieht in den *Črty ze Šumavy* (Skizzen aus dem Böhmerwald) ihre touristischen Sehnsüchte ins Lächerliche.

Prof. K. Klostermann beschreibt die Menschen im Böhmerwald in seinen Erzählungen und Romanen sehr hervorragend. Wenn Sie sich gegen die Langeweile an Regentagen schützen wollen, die Sie unterwegs überkommen kann, nehmen Sie eines seiner Bücher mit.

Klostermann als Autorität in Kafkas *Průvodce Šumavou* (Reiseführer durch den Böhmerwald), 1904

Vor nicht allzulanger Zeit verirrten sich hierher zwei elegante Damen aus der Stadt: eine war flink und schlank wie eine Antilope, die andere war von Mutter Natur mit eher umfangreicheren Reizen beschenkt worden. Ich traf die Damen in Srní (Rehberg) und führte sie ein wenig durch die Berge. Die relativ leichten Touren, welche ihnen angeboten wurden, weckten in ihnen den Wunsch, tiefer in die Berge einzudringen und vor allem den berühmten Großen Rachel (Roklan) zu besteigen ... Auf dem Weg zum Gipfel hatten die Damen nicht viel Gelegenheit sich umzuschauen; kaum konnten sie woanders hinschauen, als vor ihre Füße und den unebenen Weg, dessen Gewirr von Wurzeln ihnen indiskret nach den Reifen und Rüschen griffen, von denen bald verschiedentlich geformte Fetzen herunterhingen. „Gern wüsste ich, welche Freude jemand haben kann von solchem Dringen durch das Unterholz," unterbrach die beleibte Dame die großartige Stille des Waldes. Sie schürzte ihren Rock etwas höher und trocknete sich mit einem mit Spitze verzierten Tuch den perlenden Schweiß von der Stirn, wobei das Londoner Parfum ihres Tuchs für eine Weile den harzigen und fauligen Duft des Waldes vertrieb.

KK, *Črty ze Šumavy* (Skizzen aus dem Böhmerwald)

Der Erzähler in Klostermanns Prosa stilisiert sich häufig als Kenner der Umgebung. Diese Stilisierung zeigt sich schon im ersten Buch des Autors *Böhmerwald-Skizzen*. Auf dem Umschlag des Bandes *Prázdniny na Šumavě* (Ferien im Böhmerwald) ist Klostermann ausdrücklich als Bergführer für Touristen abgebildet.

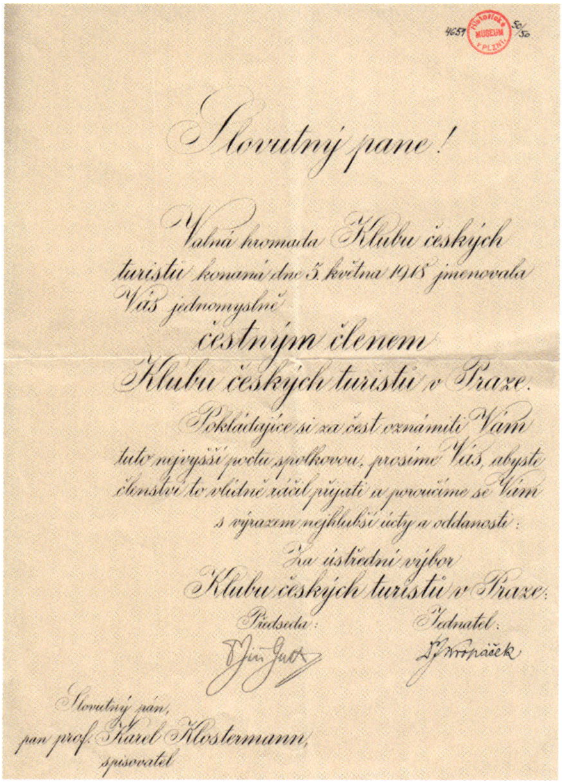

Slovutný pane!

Valná hromada Klubu českých turistů konaná dne 5. května 1918 jmenovala Vás jednomyslně

čestným členem

Klubu českých turistů v Praze.

Pokládajíce si za čest oznámiti Vám tuto nejvyšší poctu spolkovou, prosíme Vás, abyste členství to vlídně ráčil přijati a poroučíme se Vám s výrazem nejhlubší úcty a oddanosti:

Za ústřední výbor Klubu českých turistů v Praze:

Předseda: Jednatel:

Kropáček

Slovutný pán, pan prof. Karel Klostermann, spisovatel

Ernennung des Schriftstellers als Ehrenmitglied des Klub českých turistů (Klub tschechischer Wandertouristen)

Einen Reiseführer für das Gebirge gab 1905 auch J. R. Vilímek heraus. Auch in anderen Büchern bewarb er den Böhmerwald, zum Beispiel in der fotografischen Publikation *Letem českým světem* (Durch die böhmische Welt, 1898), zu der auch Klostermann beitrug. Die Fotografien aus dem Buch zeigen den Čertovo jezero (Teufelssee) und den Wasserfall Bílá strž (Klammerloch).

znají dobře Šumavičku,

Die Mitglieder unserer *Beseda* kennen lieblichen Böhmerwald bestens, wohin im Sommer durch seltsamen Zufall alle tschechischen Ausflügler, die wohlhabenden Städter, Handwerker und deren Familien von hier aus aufbrechen. Sie kennen den Schauplatz Ihrer Werke.

Aus einem Brief der Leser Klostermanns aus Jihlava (Iglau), 1893

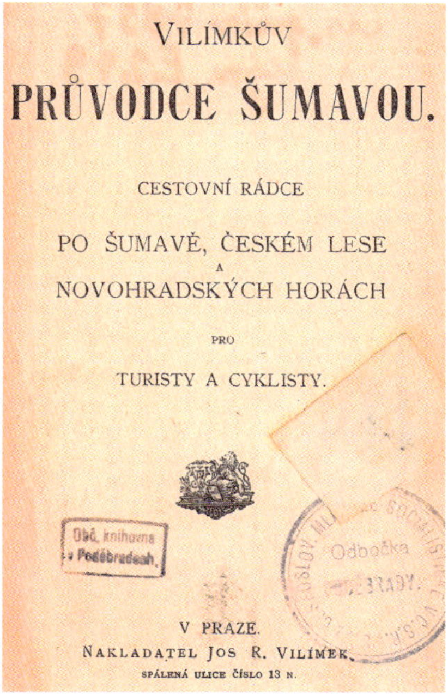

VILÍMKŮV

PRŮVODCE ŠUMAVOU.

CESTOVNÍ RÁDCE

PO ŠUMAVĚ, ČESKÉM LESE
A
NOVOHRADSKÝCH HORÁCH

PRO

TURISTY A CYKLISTY.

V PRAZE.

NAKLADATEL JOS R. VILÍMEK,

SPÁLENÁ ULICE ČÍSLO 13 N.

Vilímeks Führer durch den Böhmerwald (1905)

Wir haben in letzter Minute – heute – beschlossen eine Ansicht aus dem Böhmerwald in den ersten Teil des neuen Bandes von Letem českým světem (Durch die böhmische Welt) einzufügen – den Ablauf aus dem Černé jezero (Schwarzer See) und dafür brauche ich einen kurzen Text aus ihrer Feder … Das kann wirklich eine emotionale, poetische Darstellung sein und lieber keine trockene Statistik. Frisch zu lesen!

Anweisungen von J. R. Vilímek an Klostermann betreffs eines Textes für *Letem českým světem* (Durch die böhmische Welt), Brief aus dem Jahr 1896

Schlüsselsymbol des tschechischen Tourismus im Böhmerwald. Die Klostermann-Hütte aus dem Jahr 1925 in Modrava (Mader) ragt heraus aus der Gruppe von Häuschen der Anwohner des Ortes. Der Schriftsteller war Schirmherr ihrer Gründung.

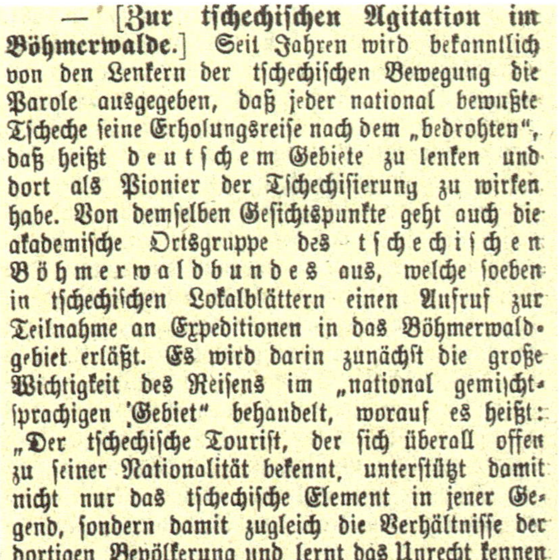

— [**Zur tschechischen Agitation im Böhmerwalde.**] Seit Jahren wird bekanntlich von den Lenkern der tschechischen Bewegung die Parole ausgegeben, daß jeder national bewußte Tscheche seine Erholungsreise nach dem „bedrohten", daß heißt deutschem Gebiete zu lenken und dort als Pionier der Tschechisierung zu wirken habe. Von demselben Gesichtspunkte geht auch die akademische Ortsgruppe des tschechischen Böhmerwaldbundes aus, welche soeben in tschechischen Lokalblättern einen Aufruf zur Teilnahme an Expeditionen in das Böhmerwaldgebiet erläßt. Es wird darin zunächst die große Wichtigkeit des Reisens im „national gemischtsprachigen Gebiet" behandelt, worauf es heißt: „Der tschechische Tourist, der sich überall offen zu seiner Nationalität bekennt, unterstützt damit nicht nur das tschechische Element in jener Gegend, sondern damit zugleich die Verhältnisse der dortigen Bevölkerung und lernt das Unrecht kennen welches an unseren Minoritäten geübt wird. Er

Nachricht aus der deutschen Presse, die über die Böhmerwaldtouristen als Pioniere der Tschechisierung berichtet. *Deutschböhmerwaldzeitung*, 1905.

Klostermann als Angler am Ufer der Otava (Wottawa). Die fotografische Szene ist in mehreren Varianten überliefert und zeigte den Schriftsteller des Böhmerwaldes als Freizeitkonsumenten.

Klostermann hat zwar keine einzige Reisebeschreibung verfasst, trotzdem hat er mit seinen Werken für die tschechische Touristik deutlich mehr getan als irgendein anderer unserer Schriftsteller. Ich betone hier die tschechische Touristik, und ich meine damit das Kennenlernen der Landschaften, die zu den böhmischen Landen gehören … wie oft schildert Klostermann das Grauen in den Ebenen des mittleren Böhmerwaldes, wo kein Getreide und nicht einmal Kartoffeln gedeihen, bedeckt mit kärglicher Vegetation, Schauplatz furchtbarer Stürme und Schneegestöber, die unglaubliche Massen von Schnee bringen, mit gefährlichen Sümpfen und Mooren durchzogene Ebenen … und immer fand er bei der Darstellung neue Reize und Farbtöne wie auch Worte.

A. Kostinec, Karel Klostermann a česká turistika (Karel Klostermann und die tschechische Touristik), *Český deník* (Tschechisches Tageblatt), 1918

Tschernobyl und der Böhmerwald. Von der „Katastrophe" heimgesuchte Orte werden heute wie auch im Jahr 1870 zur Touristenattraktion. Das Konstrukt des sterbenden Waldes, das in der zeitgenössischen Publizistik reproduziert und später von Klostermann popularisiert wurde, machte den Böhmerwald zu einem der ersten Gegenstände für eine Aktivität, welche wir heute als dark tourism bezeichnen würden.

=

8

Ein tschechischer oder ein deutscher Schriftsteller?

Karel Klostermann fand sich im Laufe seines Lebens wiederholt zwischen zwei Mahlsteinen wieder, zwischen dem tschechischen und dem deutschen Nationalismus. Der erfolgreiche Schriftsteller hatte jedoch kein Interesse daran, zur Figur der tschechisch--deutschen Spannungen zu werden.

Es heißt, Klostermann habe zuerst auf deutsch mit dem Schreiben begonnen und sei erst später vom Redakteur Vlček für die Publikation in tschechischer Sprache gewonnen worden. Die ersten tschechischen Prosawerke des Autors erschienen jedoch lange parallel mit seinen deutschen Texten. Den letzten deutschen Artikel publizierte er im Jahr 1910.

Klostermann wurde wegen seiner nationalen Unvoreingenommenheit in der nationalistischen Presse attackiert. Die deutschen Kritiker bezeichneten ihn als Überläufer, auf tschechischer Seite wurde ihm vorgeworfen, dass er der ethnischen Besonderheit der Region zu wenig Aufmerksamkeit widmet.

Obwohl sich der Schriftsteller nicht an den nationalen Konflikten beteiligte, war er doch in einige Ereignisse mit nationaler Dimension verstrickt. Wegen des Romans *Za štěstím* (Dem Glück entgegen, 1895) wurde er beschuldigt, tschechische politische Positionen zu vertreten, die nicht mit seinem Beruf als Lehrer einer Oberschule vereinbar sind. Der k. k. Landesschulrat erteilte ihm eine Rüge und drohte mit Versetzung.

In den neunziger Jahren des 20. Jahrhunderts wurde die neutrale Haltung des Autors in nationalen Fragen zum Vehikel für die Erneuerung der historisch unterbrochenen tschechisch-deutschen Beziehungen. Als „Apostel der Versöhnung" der Völker wurde er zum Aushängeschild für eine Reihe von Kultur- und Entwicklungsprojekten, welche erstmals in der Zeit um die Unterzeichnung der tschechisch-deutschen Deklaration (1997) aufkamen. So wurde eine Interpretation etabliert, welche Klostermanns Bedeutung für die neuen ideologischen Rahmen unserer Zeit aktualisierte.

Böhmerw
C.
Pilsen, S

Erste Buchausgabe mit Klostermanns
Prosa aus dem Jahr 1890

KAREL KLOSTERMANN,
český spisovatel

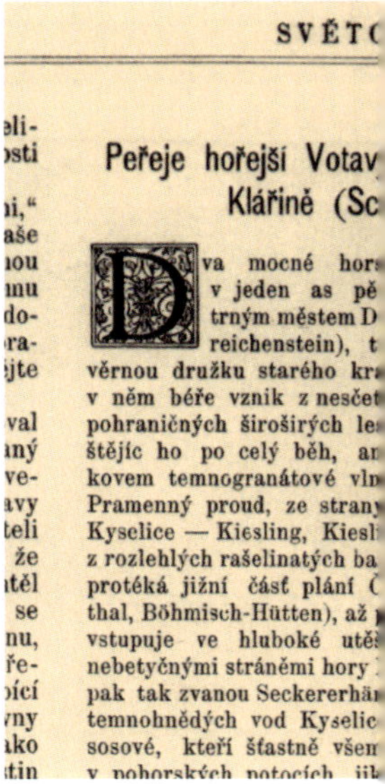

SVĚTO

eli-
osti
ni,"
aše
nou
mu
do-
ra-
ějte
val
aný
ve-
avy
teli
že
itěl
se
nu,
ře-
pící
vny
ako
tin

Peřeje hořejší Votav
Klářině (Sc

Dva mocné hors
v jeden as pě
trným městem D
reichenstein), t
věrnou družku starého kr
v něm béře vznik z nesčet
pohraničných širširých le
štějíc ho po celý běh, an
kovem temnogranátové vln
Pramenný proud, ze stran
Kyselice — Kiesling, Kiesl
z rozlehlých rašelinatých ba
protéká jižní část plání
thal, Böhmisch-Hütten), až
vstupuje ve hluboké utě
nebetyčnými stráněmi hory
pak tak zvanou Seckererhä
temnohnědých vod Kyselic
sosové, kteří šťastně všem

Die Liebe zu meiner deutschen Abstammung, an deren geistiger Entwicklung ich mich mit Hingabe beteilige, hindert mich keinesfalls daran, meine slavischen Mitbrüder und Mitbürger ebenso freundlich zu umarmen und ihnen immer und in allem nur das Beste zu wünschen.

Epilog zur Serie von Klostermanns Feuilletons *Heiteres und Trauriges aus dem Böhmerwalde*, die in der Tageszeitung *Politik*, 1887 erschienen.

×

Ich bin durch meine Lebensumstände zum Tschechen geworden ... bin also meiner Überzeugung und Gesinnung nach Tscheche. Das heißt aber nicht, dass ich den Deutschen feindlich gegenüberstehe. Im Gegenteil, ich mag sie und schätze sie aus ganzer Seele. Davon zeugen auch meine Werke.

Brief Klostermanns an die Redaktion *Politik*, 1908

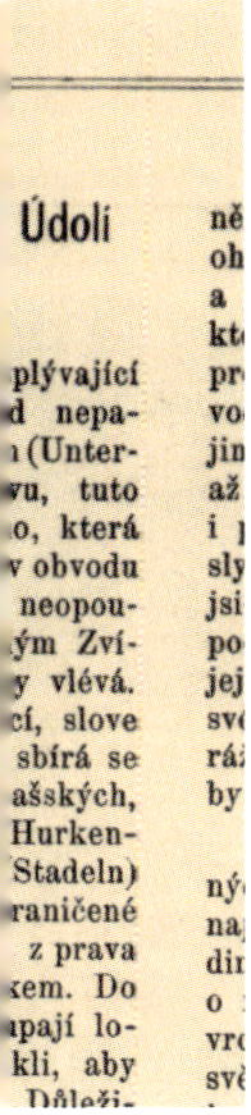
Údolí

plývající
d nepa-
(Unter-
vu, tuto
o, která
v obvodu
neopou-
ým Zví-
y vlévá.
cí, slove
sbírá se
ašských,
Hurken-
Stadeln)
raničené
z prava
zem. Do
pají lo-
kli, aby

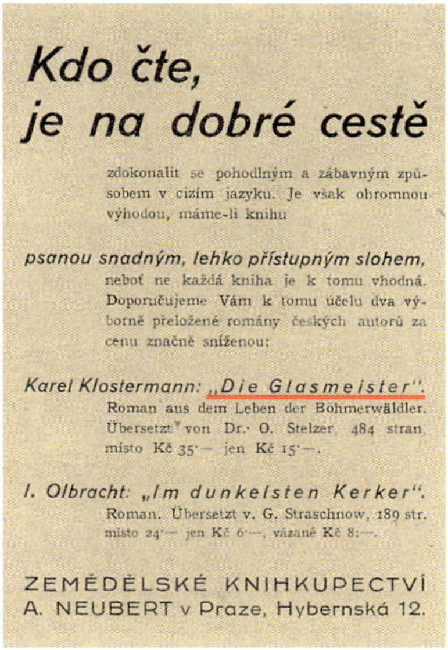
Kdo čte,
je na dobré cestě

zdokonalit se pohodlným a zábavným způsobem v cizím jazyku. Je však ohromnou výhodou, máme-li knihu

psanou snadným, lehko přístupným slohem, neboť ne každá kniha je k tomu vhodná. Doporučujeme Vám k tomu účelu dva výborně přeložené romány českých autorů za cenu značně sníženou:

Karel Klostermann: „Die Glasmeister".
Roman aus dem Leben der Böhmerwäldler. Übersetzt von Dr. O. Stelzer, 484 stran, místo Kč 35·— jen Kč 15·—.

I. Olbracht: „Im dunkelsten Kerker".
Roman. Übersetzt v. G. Straschnow, 189 str. místo 24·— jen Kč 6·—, vázané Kč 8·—.

ZEMĚDĚLSKÉ KNIHKUPECTVÍ
A. NEUBERT v Praze, Hybernská 12.

Den ersten tschechischen Text, die Skizzen über die Vydra (Widra), veröffentlichte der Autor offenbar bereits im Jahr 1888 in der illustrierten Zeitschrift *Světozor*, damals noch vor dem Angebot Vlčeks und unter dem Pseudonym Faustin. Es wurden auch einige autorisierte Übersetzungen seiner tschechischen Werke realisiert. Zu Lebzeiten des Autors erschienen aber nur die Romane *Ze světa lesních samot* (Aus der Welt der Waldeinsamkeiten) und *Sklář*i (Die Glasmeister) auf deutsch.

Kosmos
Handweiser für Naturfreunde

Herausgegeben und verlegt vom
Kosmos, Gesellschaft der Naturfreunde · Sitz Stuttgart

Inhalt:
Biontologische Umschau von M. R. von Lüttgendorff. Illustriert S. 241
Das Fabre-Jubiläum in Sérignan von Fr. Regensberg. Illustriert S. 244
Die Zucht exotischer Schmetterlinge von Paul Wolff. Illustriert S. 246
Die Willendorfer Venus von Dr. Ludwig Hopf. Illustriert S. 251
Fossile Funde im Flysche des Gmundner Berges von I. J. Kohlmeyer. Illustriert S. 255
Über die Grundbedeutung deutscher Tiernamen von Prof. Dr. Karl Bergmann S. 256
Sommerliches Tierleben am Wiesenbach. Illustriert S. 259
Baum- und Waldbilder 6. von Forstassessor Feucht. Illustriert S. 260
Das spezifische Gewicht der Vögel, Käfer und Schmetterlinge von Bruno Rheinisch S. 261
Das Rizin, ein merkwürdiges Pflanzengift von Dr. B. Rewald S. 262
Vermischtes S. 263 Kosmos-Korrespondenz S. 264

Beiblatt: „Wandern und Reisen".
Eine norwegische Fjeldwanderung von Prof. Dr. W. May. Illustr. S. 265
Eine Perle des Böhmerwaldes von Prof. K. Klostermann. Illustr. S. 270
Vermischtes S. 272
Monatliches Beiblatt: Haus, Garten und Feld ◇ Lesefrüchte

1910 | Kosmos, Gesellschaft der Naturfreunde Franckh'sche Verlagshandlung, Stuttgart | Heft 7

Jährlich 12 Hefte. — Preis des einzelnen Heftes 30 Pfg. — 35 h — 40 cts.
Der Jahrgang mit 5 Buchveröffentlichungen kostet nur M 4.80 (20 Pfg. Bestellgeld extra).

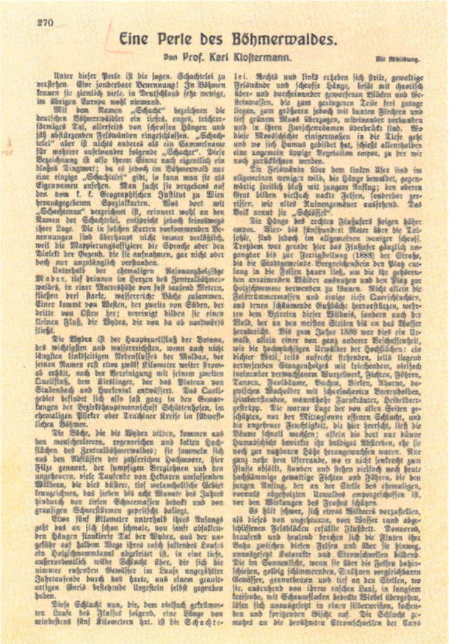
270

Eine Perle des Böhmerwaldes.

Von Prof. Karl Klostermann.

Unter dieser Perle ist die sogen. Schachtelei zu verstehen. Eine sonderbare Benennung! In Böhmen kennen sie ziemlich viele, in Deutschland sehr wenige, im übrigen Europa wohl niemand.

Klostermann begann zwischen 1885 und 1887 im Prager deutschsprachigen Tageblatt *Politik* Feuilletons und Skizzen zu publizieren, welche erst nach seinem Tod auf tschechisch erschienen. Der Autor schrieb parallel auf tschechisch und deutsch bis 1910, als er in der Stuttgarter Zeitschrift *Kosmos* einen Artikel über die Vydra (Widra) veröffentlichte.

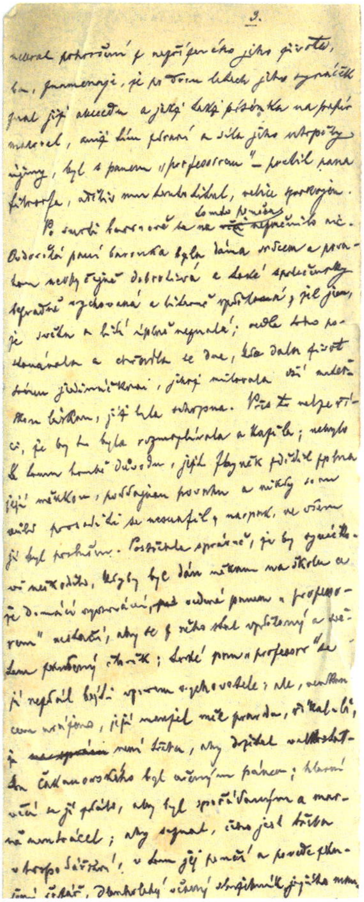

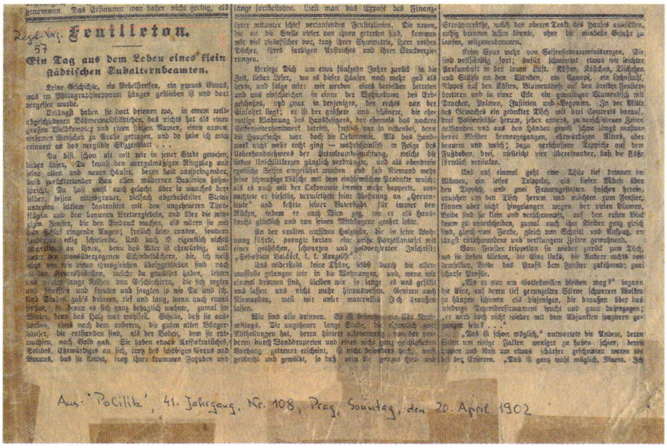

Feuilleton.

Ein Tag aus dem Leben eines klein städtischen Subalternbeamten.

Keine Geschichte, ein Nebelstreifen, ein graues Etwas, was im Photographieapparat hängen geblieben ist und dort vergessen wurde.

Unlängst haben sie dort drinnen wo, in einem weltabgeschiedenen Böhmerwaldstädtchen, das nichts hat als einen großen Waldkomplex und einen stolzen Namen, einen armen einsamen Menschen zu Grabe getragen, und da habe ich mich erinnert an das vergilbte Skizzenblatt …

Du bist schon oft mit mir in jener Stadt gewesen, lieber Leser. Du kennst den unregelmäßigen Ringplatz und seine alten und neuen Häuser, deren bald vorspringender, bald zurücktretender Bau allen modernen Baulinien hohnspricht. …

Aus: „Politik“, 41. Jahrgang, Nr. 108, Prag, Sonntag, den 20. April 1902

Handschrift auf Tschechisch und deutscher Abdruck einer Erzählung Klostermanns. In Klostermanns Werken ist die ethnische Zugehörigkeit der Figuren kein Schlüsselmotiv, obwohl der Autor eine sprachlich gemischte Gegend beschreibt, um deren nationale Identität ein politischer Kampf beginnt.

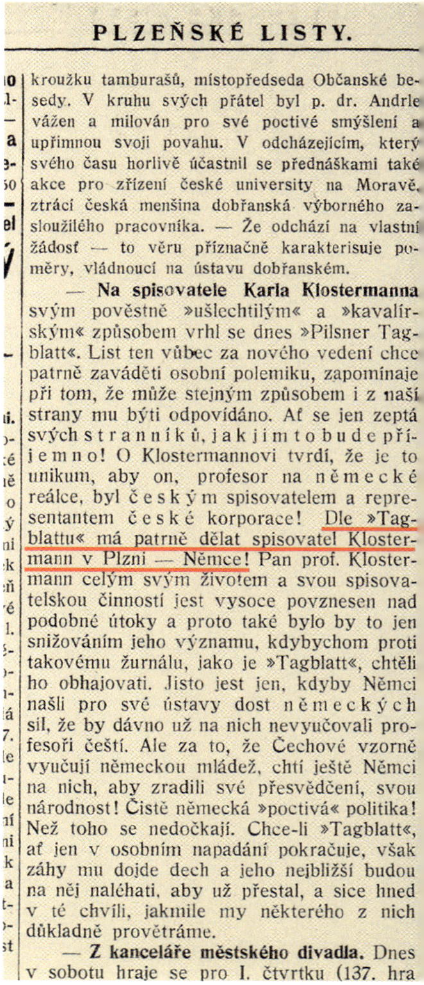

PLZEŇSKÉ LISTY.

kroužku tamburašů, místopředseda Občanské besedy. V kruhu svých přátel byl p. dr. Andrle vážen a milován pro své poctivé smýšlení a upřímnou svoji povahu. V odcházejícím, který svého času horlivě účastnil se přednáškami také akce pro zřízení české university na Moravě, ztrácí česká menšina dobřanská výborného zasloužilého pracovníka. — Že odchází na vlastní žádosť — to věru příznačně karakterisuje poměry, vládnoucí na ústavu dobřanském.

— **Na spisovatele Karla Klostermanna** svým pověstně »ušlechtilým« a »kavalírským« způsobem vrhl se dnes »Pilsner Tagblatt«. List ten vůbec za nového vedení chce patrně zaváděti osobní polemiku, zapomínaje při tom, že může stejným způsobem i z naší strany mu býti odpovídáno. Ať se jen zeptá svých s t r a n n í k ů, j a k j i m t o b u d e p ř í j e m n o! O Klostermannovi tvrdí, že je to unikum, aby on, profesor na n ě m e c k é reálce, byl č e s k ý m spisovatelem a representantem č e s k é korporace! Dle »Tagblattu« má patrně dělat spisovatel Klostermann v Plzni — Němce! Pan prof. Klostermann celým svým životem a svou spisovatelskou činností jest vysoce povznesen nad podobné útoky a proto také bylo by to jen snižováním jeho významu, kdybychom proti takovému žurnálu, jako je »Tagblatt«, chtěli ho obhajovati. Jisto jest jen, kdyby Němci našli pro své ústavy dost n ě m e c k ý c h sil, že by dávno už na nich nevyučovali profesoři čeští. Ale za to, že Čechové vzorně vyučují německou mládež, chtí ještě Němci na nich, aby zradili své přesvědčení, svou národnost! Čistě německá »poctivá« politika! Než toho se nedočkají. Chce-li »Tagblatt«, ať jen v osobním napadání pokračuje, však záhy mu dojde dech a jeho nejbližší budou na něj naléhati, aby už přestal, a sice hned v té chvíli, jakmile my některého z nich důkladně provětráme.

— **Z kanceláře městského divadla.** Dnes v sobotu hraje se pro I. čtvrtku (137. hra

Dem „Tagblatt“ nach soll Schriftsteller Klostermann in Pilsen offenbar einen Deutschen mimen!
Plzeňské listy (Pilsener Blätter), 1905

Mit den Beziehungen zwischen Tschechen und Deutschen beschäftigte sich Klostermann am intensivsten in den publizistischen Skizzen *Allerhand Spritzfahrten* aus den Jahren 1886–1887, welche Max Regal 1925 ins Tschechische übersetzte mit dem Titel *Na horké půdě* (Auf heißem Boden). Der national heiße Boden war hier überraschenderweise nicht der Böhmerwald, sondern Nordböhmen.

Weitschweifende, geschmacklose Geschichten. Das ist Herrn Klostermanns neuer Böhmerwaldroman. Sein rein deutscher Charakter stört mich nicht. Im Gegenteil.

J. Karásek, *Niva* (Die Wiese), 1893

Klostermann spricht den Tschechen wie den Deutschen aus dem Herzen, obwohl er doch selbst ein echt tschechisches Herz hat. Das wissen wir zu schätzen in einer Zeit, in der die Nationalität selbst von besseren Schriftstellern so pompös unterstrichen wird.

T. G. Masaryk, *Naše doba* (Unsere Zeit), 1895

·itik der zeitgenössischen ·blizistik an der nationalen ·gheit des Schriftstellers. ·ner der wenigen tschechi·chen Kritiker, die den Autor ·r seinen undeutlichen nati·nalen Standpunkt schätzte, ·ar Masaryk, ein Universi·tsprofessor und später der ·ste tschechoslowakische ·äsident.

Raserei deutschjüdischer Burschenschaften im Paradies des Böhmerwaldes. Das von natürlicher Schönheit überquellende Paradies des Böhmerwaldes, welches Klostermann so viel interessanten und prachtvollen Stoff für seine berühmten Romane und Novellen geschenkt hat, ist zum Schauplatz von Gewalttaten deutscher Randalierer geworden ... Ihre Vollversammlung fand am 6. September in Kašperské Hory (Bergreichenstein, Reichenstein) statt und enthemmte die jungen Burschenschaftler derart, dass sie sich zu edler Kulturarbeit entschlossen. Nach 10 Uhr abends zogen sie mit Stöcken und Biergläsern zur Česká beseda (Vereinshaus) und begannen diese unter ohrenbetäubendem Gebrüll zu bombardieren. ... Was ihnen unter die Hände kam, verwüsteten sie.

Reportage über Unruhen in Kašperské Hory (Bergreichenstein), welche Klostermann in der Zeitschrift *Politik* scharf verurteilte. Bericht im *Šumavan* (Böhmerwälder), 1908.

Der Autor wurde zur Jahrhundertwende im politischen Kampf instrumentalisiert, genauso wie der gebürtige Böhmerwälder und österreichische Schriftsteller Adalbert Stifter (1805–1868). Beide Schriftsteller legitimieren den tschechischen bzw. deutschen Anspruch auf den Böhmerwald. Nach ihnen benannte Denkmäler, Aussichtstürme, Touristenunterkünfte annektieren den Raum Böhmerwald symbolisch.

Die Nichte des Schriftstellers Anna Jelinek besuchte zu Beginn der 20er Jahre die Baustelle der Klostermann-Hütte in Modrava (Mader). Sie erlebte dort die nationalen Spannungen, welche das tschechische Unternehmen an Orte brachte, wo die deutschsprachige Bevölkerung deutlich in der Überzahl war.

Nach einer langen Fahrt bog das Automobil auf eine Waldlichtung ab und hielt vor einem herrlichen, zum Teil noch im Bau befindlichen Hotel, an dem wir den uns so wohlbekannten Namen mit gemischten Gefühlen lasen … Vor dem Hotel lag noch eine Menge Bauschutt und bot noch ein Bild von Unordnung. Das Gebäude erhob sich jedoch ganz zauberhaft vor dem dunklen Hintergrund des Waldes … Ein- und ausgehende Touristen sprachen tschechisch, und da die allgemeine Stimmung gegenüber den Deutschen hier angespannt war, sprachen wir leise, da wir uns nicht anders zu verständigen wussten als deutsch.

Anna Jelinek, *Ztracený domov* (Das verlorene Heim, Handschrift), 1955

Im Jahr 1914 erscheint die erste Biographie *Básník Šumavy* (Dichter des Böhmerwaldes) über Karel Klostermann aus der Feder von Václav Dresler und mit einem Vorwort von Adolf Heyduk. Dieser tschechische Dichter charakterisiert den Schriftsteller als erster als „Apostel der Versöhnlichkeit", zu der Tschechen wie auch Deutsche gemeinsam bereit sein sollten.

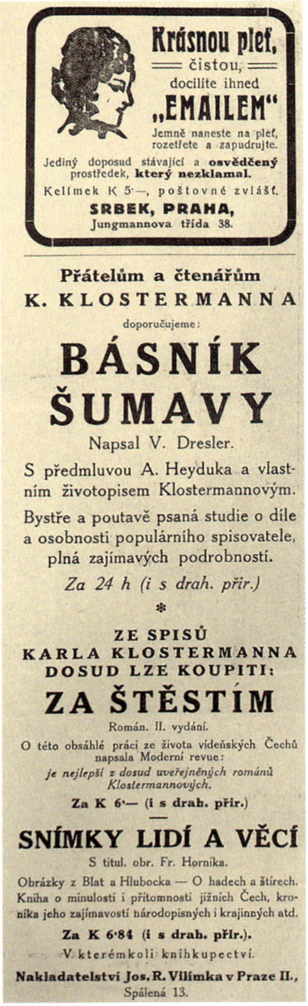

Krásnou pleť,
čistou,
docílíte ihned
„EMAILEM"
Jemně naneste na pleť, rozetřete a zapudrujte.
Jediný doposud stávající a **osvědčený** prostředek, **který nezklamal.**
Kelímek K 5·—, poštovné zvlášť.
SRBEK, PRAHA,
Jungmannova třída 38.

Přátelům a čtenářům
K. KLOSTERMANNA
doporučujeme:

BÁSNÍK ŠUMAVY

Napsal V. Dresler.
S předmluvou A. Heyduka a vlastním životopisem Klostermannovým.
Bystře a poutavě psaná studie o díle a osobnosti populárního spisovatele, plná zajímavých podrobností.
Za 24 h (i s drah. přír.)

*

ZE SPISŮ KARLA KLOSTERMANNA DOSUD LZE KOUPITI:

ZA ŠTĚSTÍM

Román. II. vydání.
O této obsáhlé práci ze života vídeňských Čechů napsala Moderní revue:
je nejlepší z dosud uveřejněných románů Klostermannových.
Za K 6·— (i s drah. přír.)

SNÍMKY LIDÍ A VĚCÍ

S titul. obr. Fr. Horníka.
Obrázky z Blat a Hlubocka — O hadech a štírech. Kniha o minulosti i přítomnosti jižních Čech, kronika jeho zajímavostí národopisných i krajinných atd.
Za K 6·84 (i s drah. přír.).
V kterémkoli knihkupectví.
Nakladatelství Jos. R. Vilímka v Praze II.,
Spálená 13.

Das Etikett „Apostel der Versöhnlichkeit" variierte in den 90er Jahren des 20. Jahrhunderts. Am häufigsten erscheint es in Form des „Apostels der Versöhnlichkeit" oder „der Verständigung". So wurde es ab dem Jahr 1997 häufig verwendet und diente einer Reihe von Projekten zur grenzüberschreitenden Zusammenarbeit.

Klostermann ist ein wahrer Apostel der Versöhnung, bedingt durch die gegenseitige Kenntnis der beiden Stämme, die das schöne böhmische Land bewohnen, Tschechen und Deutsche. Der Schriftsteller ist der maßgeblicher Vermittler der nationalen Versöhnung und nimmt unter den Schriftstellern, die sich um die Annäherung der beiden Völker bemühen, einen herausragenden Stellenwert ein.

Adolf Heyduk,
aus dem Vorwort zu Dreslers Biographie.

Viele Schriftsteller sind heute schon vergessen, es besteht kein Interesse für ihre Bücher. Der Schriftsteller Karel Klostermann hingegen ist immer noch aktuell, und auch in Deutschland, wo er bisher nicht bekannt war, werden seine Bücher in guter Übersetzung herausgegeben. Dank dem Verein Karel Klostermann – Dichter des Böhmerwaldes sind 15 Bücher auf Deutsch erschienen. Nach 100 Jahren gehört er zu jenen, die zur Versöhnung der Völker nach zwei Weltkriegen beigetragen haben. Er ist unter anderem auch ein „Apostel der Versöhnung zwischen Tschechen und Deutschen".

Interview von Jan Dvořák mit Václav Sklenář, dem Vorsitzenden des Vereins Karel Klostermann – spisovatel Šumavy (Schriftsteller des Böhmerwaldes), Zeitschrift *Šumava* (Böhmerwald), 2017

Der an den Verein Karel Klostermann – básník Šumavy (Karel Klostermann – Dichter des Böhmerwaldes) verliehene Niederbayerische Europapreis

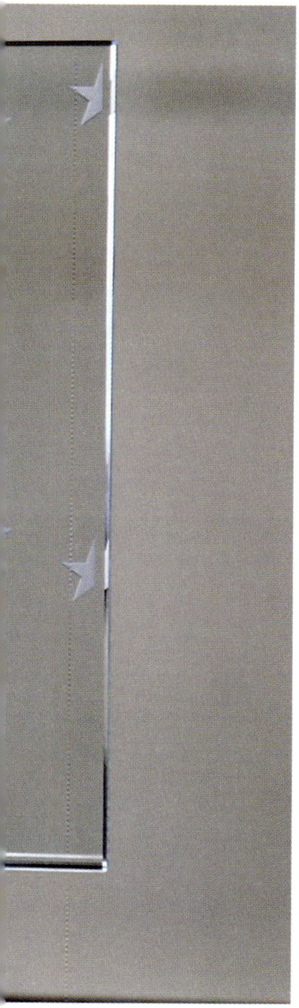

Der Sinn des Festjahres für den Schriftsteller Karel Klostermann 2008 ist nicht ihm ein „Denkmal" in Gestalt der diesjährigen besonderen Veranstaltungen zu setzen, sondern dauerhaftes Interesse für das Leben des Schriftstellers und sein Werk zu wecken und durch ihn die Liebe zu unserem Heimatland zu stärken. Keine abstrakte Liebe, sondern besonnene, aktive Liebe, wie sie uns Klostermanns Interesse für das Schicksal der einfachen Leute zeigt, sein Verhältnis zur Natur, zum tschechischen Vaterland, sein mutiges Auftreten als Bürger, also all das, was in Klostermanns Vermächtnis steckt und immer lebendig bleibt.

Jan Zahradník, Landeshauptman des Kreises Südböhmen, in der Publikation zum Festjahr für Karel Klostermann, 2008

9

Das Begräbnis des Nationalschrift-stellers und Dichters des Böhmerwaldes

Das Begräbnis von Karel Klostermann im Jahr 1923 wurde zur zweifachen Manifestation. Mit Beteiligung des Turnvereins Sokol, der Pfadfinder und politischer Repräsentanten wurde der „Nationalschriftsteller" und „Dichter des Böhmerwaldes" begraben.

Zum Dichter des Böhmerwaldes wurde Klostermann bereits frühzeitig. So wurde er häufig von Rezensenten seiner Werke genannt, als erster verwendete diese Bezeichnung offenbar Jaroslav Kamper in der Zeitschrift *Magazin für Litteratur* (1894). Gänzlich gefestigt wurde der Begriff durch Adolf Heyduk und Václav Dresler in der gleichnamigen Biographie. Als Dichter bzw. Schriftsteller des Böhmerwaldes wurde Klostermann in Werbeprospekten von Vilímeks Verlag bezeichnet. Aus der Perspektive des Verlegers handelte es sich um eine wirksame geschäftliche Marke.

Klostermanns Rolle als Nationalschriftsteller begann sich erst um das Jahr 1904 in Zusammenhang mit der Entstehung der Nationallegende über den Richter Kubata herauszubilden. In seiner Rolle als Vertreter der tschechischen Literaturszene nahm der Schriftsteller an der feierlichen Enthüllung der Kubata-Statue in den Zbudover Blata (Blatta) teil. Seit dieser Zeit profilierte er sich selbst öffentlich und privat als Tscheche. Im Jahr 1907 wurde er Abgeordneter in Pilsen für die tschechische Partei. Seine tschechische Identität verstand er jedoch nur in der Intention von Landespatriotismus.

Als „treuer" Tscheche und vom Volk geliebter Schrifsteller wurde er hauptsächlich von seinem Biographen, ganz offensichtlich Max Regal, definiert. Seine Zugehörigkeit zum nationalen Kanon bestätigten auch die Feiern anlässlich seiner runden Geburtstage, zweifelsohne jedoch sein Begräbnis, welches als nationaler Pietätsakt inszeniert wurde. Die Bedeutung des Begräbnisses zeigt auch der Umstand, dass davon professionelle Fotografien gemacht wurden und ein kurzer Film darüber entstand.

Fotografie vom Begräbnis in Pilsen. Pfadfinder tragen Tafeln mit den Titeln von Klostermanns Romanen.

Rada města Plzně

oznamuje truchlivou zvěst, že zemřel v pondělí 16. července 1923 čestný měšťan plzeň

spisovatel

Karel Klostermann.

Zesnulý přenášel své vzpomínky ze hvozdů šumavských do našeho města a většinu jich vtělil do svých krásných, nezapomenutelných děl.

Byl řadu let činný i ve správě našeho města a v četných místních korpora Zůstal nám věren nehledaje přízně jinde.

Tělesné pozůstatky zesnulého budou převezeny ve čtvrtek 19. července o 2. hod. odpoledne ze zámku štěkeňského na nádraží ve Štěkně a odtud do Plzně

Pohřeb koná se v Plzni v pátek 20. července 1923 o 3. hod. od z náměstí Republiky na ústřední hřbitov sv. Václava.

Město Plzeň želí hluboce velké ztráty zesnulého; zachová jej trvale ve vdě světlé vzpomínce.

V Plzni 19. července 1923.

Starosta města:
L. Pik.

1535

Traueranzeige von Klostermann: Der Stadtrat Pilsens informiert über den Tod des Schriftstellers, der „seine Erinnerungen aus der Wildnis des Böhmerwaldes in die Stadt übertragen hat".

Der Sarg auf dem Pilsener Platz vor der Katedrale des Hl. Bartholomäus

Bei der Beerdigung Klostermanns, als der Leichenzug nach Pilsen hin zum Viertel Prager Vorstadt gelangte, kam vom Haus, wo der Schriftsteller zu Lebzeiten wohnte, ein Schwarm von etwa zwölf Tauben geflogen. Sie kreisten eine Weile über dem Umzug, setzten sich in einer Reihe auf das gegenüberliegende Dach und stiegen nach der Trauerfeier wieder auf, kreisten über dem Leichenwagen und flogen anschließend wieder zur Wohnung des Entschlafenen … Aus dem zufälligen Naturereignis schlossen die Leute, dass die Tauben gekommen waren um sich von dem großen Naturfreund Klostermann zu verabschieden. Die Menschen waren überzeugt, dass auch die Natur den Menschen betrauert, der sie so geliebt und verstanden hat.

Aus dem Vorwort zum Buch *Klostermann mládeži* (Klostermann für die Jugend, 1923), welches den Schriftsteller als Vermittler zwischen Mensch und Natur darstellt

Sehr gnädige Frau, wir möchten Ihnen unser tiefes Beileid zum Tod Ihres geliebten Mannes aussprechen, der einer der bedeutendsten Männer des tschechischen Westböhmens war.

Beileid der Kuratoren des Westböhmischen Museums für Kunst und Industrie in Pilsen

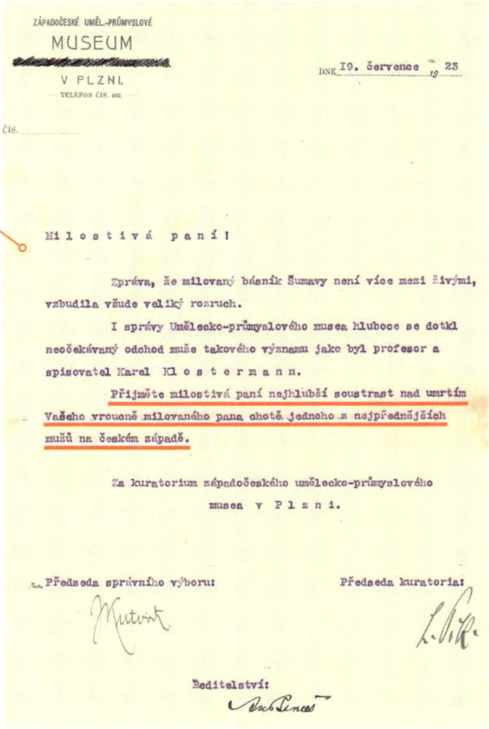

ZÁPADOČESKÉ UMĚL.-PRŮMYSLOVÉ
MUSEUM
[redacted]
V PLZNI.
TELEFON ČÍS. 402.

DNE 19. července 19 23

Čís. ....

Milostivá paní!

Zpráva, že milovaný básník Šumavy není více mezi živými, vzbudila všude veliký rozruch.

I správy Umělecko-průmyslového musea hluboce se dotkl neočekávaný odchod muže takového významu jako byl profesor a spisovatel Karel Klostermann.

Přijměte milostivá paní nejhlubší soustrast nad umrtím Vašeho vroucně milovaného pana chotě jednoho z nejpřednějších mužů na českém západě.

Za kuratorium západočeského umělecko-průmyslového musea v Plzni.

Předseda správního výboru:

Předseda kuratoria:

Ředitelství:

Die Nachrichten aus der Presse und Kondolenzen zeigen einen raschen Prozess der Mythisierung des „tschechischen Dichters des Böhmerwaldes".

Unmittelbar nach dem Tod des Schriftstellers war es nötig die Autorenrechte zu regeln

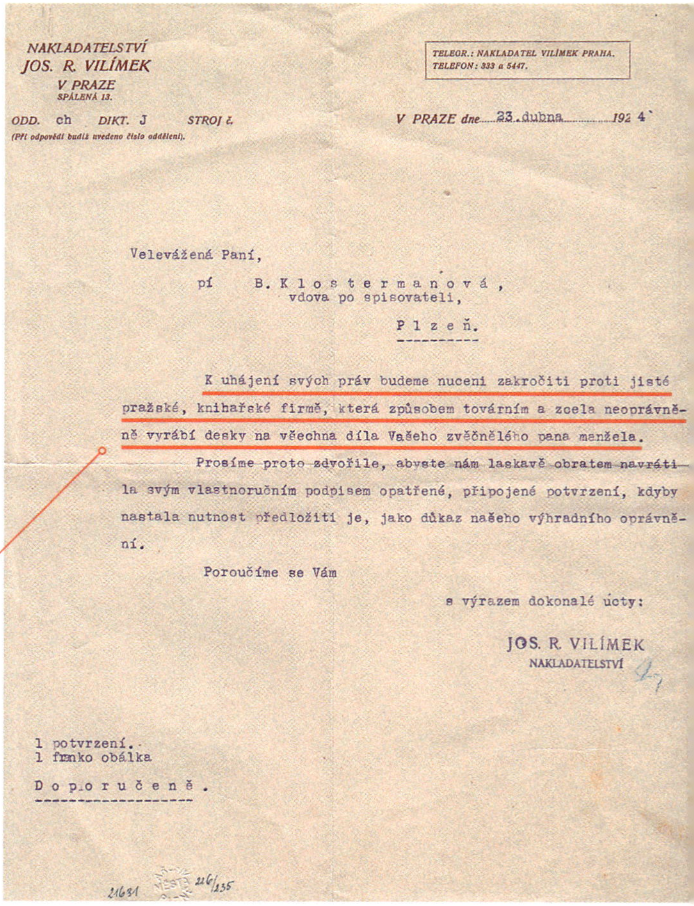

NAKLADATELSTVÍ
JOS. R. VILÍMEK
V PRAZE
SPÁLENÁ 13.

TELEGR.: NAKLADATEL VILÍMEK PRAHA.
TELEFON: 333 a 5447.

ODD. ch DIKT. J STROJ č.
(Při odpovědi budiž uvedeno číslo oddělení).

V PRAZE dne 23. dubna 1924

Velevážená Paní,

pí B. K l o s t e r m a n o v á ,
vdova po spisovateli,

P l z e ň.

K uhájení svých práv budeme nuceni zakročiti proti jisté pražské, knihařské firmě, která způsobem továrním a zcela neoprávněně vyrábí desky na všechna díla Vašeho zvěčnělého pana manžela.

Prosíme proto zdvořile, abyste nám laskavě obratem navrátila svým vlastnoručním podpisem opatřené, připojené potvrzení, kdyby nastala nutnost předložiti je, jako důkaz našeho výhradního oprávnění.

Poroučíme se Vám

s výrazem dokonalé úcty:

JOS. R. VILÍMEK
NAKLADATELSTVÍ

1 potvrzení.
1 franko obálka

D o p o r u č e n ě .

21681 226/135

Um unsere Rechte zu verteidigen, werden wir gezwungen sein, gegen eine bestimmte Prager Buchbinderei vorzugehen, die fabrikmäßig und völlig ungerechtfertigt die Einbände für alle Werke Ihres entschlafenen Mannes herstellt.

J. R. Vilímek bittet die Witwe Betty Klostermann darum, sein ausschließliches Verlagsrecht an den Werken des Autors zu bestätigen.

Verehrter Professor,
da ich unverschuldet mit Verspätung von Ihrem dreiundsiebzigsten Geburtstag erfahren habe, erlauben Sie mir aus diesem Anlass meine herzlichsten Glückwünsche zu übermitteln, als Ausdruck meiner echten Bewunderung, welche Ihr langjähriges Verdienst vollkommen zu schätzen weiß. Als Unterstützer der tschechischen Minderheit hatte ich Gelegenheit die Quellen wie auch die Wirkung Ihres literarischen Werks kennenzulernen.
Hochachtungsvoll Baxa, Bürgermeister der Hauptstadt Prag

Aus einem Brief von K. Baxa an Klostermann, 17. 2. 1921

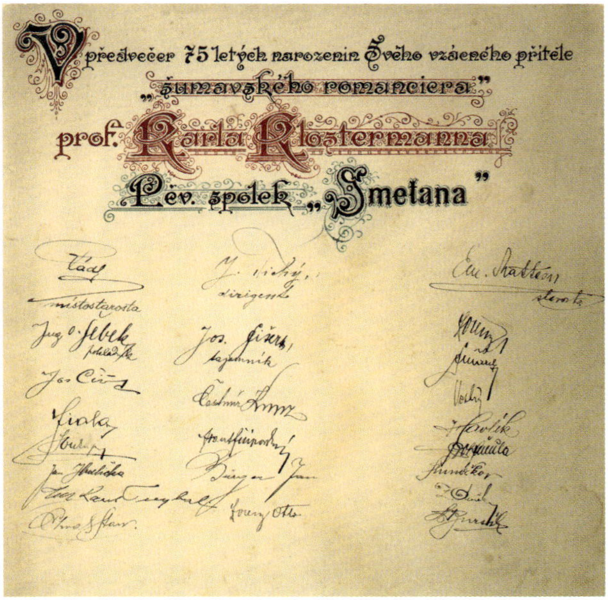
V předvečer 75letých narozenin Svého vzácného přítele
„šumavského romanciera"
prof. Karla Klostermanna
Pěv. spolek „Smetana"

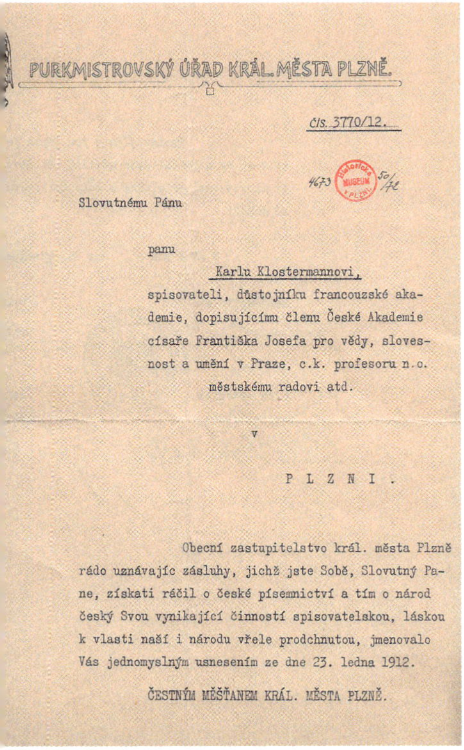
PURKMISTROVSKÝ ÚŘAD KRÁL. MĚSTA PLZNĚ.

Čís. 3770/12.

Slovutnému Pánu

panu

Karlu Klostermannovi,
spisovateli, důstojníku francouzské akademie, dopisujícímu členu České Akademie císaře Františka Josefa pro vědy, slovesnost a umění v Praze, c.k. profesoru n.o. městskému radovi atd.

v

PLZNI.

Obecní zastupitelstvo král. města Plzně rádo uznávajíc zásluhy, jichž jste Sobě, Slovutný Pane, získati ráčil o české písemnictví a tím o národ český Svou vynikající činností spisovatelskou, láskou k vlasti naší i národu vřele prodchnutou, jmenovalo Vás jednomyslným usnesením ze dne 23. ledna 1912.

ČESTNÝM MĚŠŤANEM KRÁL. MĚSTA PLZNĚ.

Verschiedene Ehrungen für Klostermanns nationale und literarische Verdienste und Geburtstagswünsche zu Jubiläen kamen nach 1910 hinzu.

In Regals Biographie über Karel Klostermann aus dem Jahr 1926, die bei J. R. Vilímek herausgegeben wurde, wird der Schriftsteller als aktiver Tscheche verteidigt. Regal belegt diese These mit den Vorworten seiner Prosa, in denen sich der Autor tatsächlich als Tscheche bekennt. Es handelt sich allerdings um Titel, die erst nach dem Jahr 1900 herausgegeben wurden, man kann sie daher eher als Strategie von Autor und Verleger interpretieren, welche auf die Hauptabnehmer der Bücher zielte, die national gesinnten tschechischen Leser.

War Klostermann Tscheche oder tschechisch schreibender Deutscher? Wäre so eine Frage nach Meinung der Deutschen erörtert worden, wäre man zu dem Schluss gekommen, dass er ein Renegat war ... Er liebte die slavischen Völker und am meisten sein tschechisches, zu dem er sich mit Stolz und Hingabe bekannte. Klostermann war Tscheche und Patriot.

M. Regal, *Život a dílo Karla Klostermanna* (Leben und Werk von Karel Klostermann), 1926

MÁJ

VYDÁVÁ NAKLADATELSKÉ DRUŽSTVO MÁJE V PRAZE.

KAREL KLOSTERMANN:

Mlhy na Blatech.

Román.

Červencový večer se chýlil zvolna na široká Blata Zbudovská, na žírné lány obilní, jež je vroubí ze všech stran. Slunce již se silně sklonilo k modravým horám staré Šumavy, které se halily v šedé závěje, jako by vás věkovitá čela chtěly chrániti před děsným úpalem, jenž sršel s nemilosrdných kleneb nebeských. Možná, že se uchránily, že milý chládek vanul v hustých lesích se vysoko pnoucích nad nepřehlednými rovinami, rozkládajícími se podél řeky Blanice a Podeřišťského potoka, jenž, přicházeje od Netolic, z počátku teče směrem severovýchodním, pak, zahýbaje k jihovýchodu, mocným obloukem obepíná Blata i šest z devíti Blatských vsí, Hlavatec, Selce, Zbudov, Plástovice, Pašice a Pištín, zůstavuje na svém levém boku pouze Nové Sedlo, Lhotu, dříve Prášilivou, nyní Českou zvanou, a Mydlovary, načež u Živi, přeměniv dříve svoje jméno v potok Soudný a potok Černý, pod baštou, řečenou Vomáčka, ústí do velkého Zlivského rybníka, kterým protéká, aby pak naplnil obromnou pánev největšího po Rožmberském českého rybníka, obrovitou Bezdrev, z níž když vyteklí, spěje rychlým tokem k Vltavě, do níž vpadá u Bavorovic nad Hlubokou.

Kraj rovný jako stůl, vyplněný bohatými, žírnými lány, posetý nesčíslnými velkými i malými rybníky, pánev jakási, zalitá v dávnověku vodou, která tu tvořila, jak se zdá, obrovské jezero, z něhož tu a tam ostrůvek vystupoval, a jehož břehy na severu a jihu sotva stanoviti lze; na západě je tvořila pahorkatina šumavských výběžků, zponenáhla

Karel Klostermann. Kreslil F. Šnajberk.

(1) 1

Freitag waren wir alle in Zbudov, ich habe mich mit einer Gruppe Bauern aus Blata (Blatta) fotografieren lassen, das wurde vom „Máj" bezahlt … Dort war eine sehr gute Stimmung, die Bauern empfingen mich mit echter Begeisterung und wir nahmen auch die berühmte Großmutter Kubatová in unsere Mitte, welche neben mir sitzt … Herites wollte ausdrücklich nur mich und Bauern.

Der Brief Klostermanns an seine Gattin Betty zeigt die Absicht von F. Herites, dem Redakteur von *Máj*, den Schriftsteller für nationalistische Zwecke zu instrumentalisieren. Klostermanns Brief, 1905

Klostermann gefiel sich auf den Kubata-Feierlichkeiten gut in der Rolle des tschechischen Schriftstellers. Die Feierlichkeiten besuchte er offenbar auf Anregung Adolf Heyduks. Unmittelbar danach schrieb er den Roman *Mlhy na Blatech* (Nebel über Blatta), welcher eine Handlung enthält, die durch das historisch streitbare Schicksal der südböhmischen Bauern inspiriert ist.

J. Jakší: Die Hinrichtung des Richters Kubata (1581)

Kubata-Feierlichkeiten im Jahr 2023. Die von Klostermann gefestigte Tradition wird fortgeführt.

Im weiten Blata (Blatta) am Ufer des Soudný-Baches liegen zwei schwarze Steine an der Stelle, wo der Richter seinen unschuldigen Kopf für Blatta opferte, und die Steine bleiben dort um ihn zu ehren und an ihn zu erinnern, solange das böhmische Land besteht und im böhmischen Land der Bauernstand überdauert.

Aus dem Roman *Mlhy na Blatech* (Nebel über Blatta, 1909)

10

Karel Klostermann und die Geburt des Böhmerwaldes

Klostermanns Werk etablierte die Vorstellung vom Böhmerwald als uralte, monumentale Waldwildnis, welche im gegebenen Raum vorgefunden und geschätzt werden soll, die jedoch gleichzeitig als krasser Gegensatz zur Zivilisation beunruhigt. Diese Vorstellung gewann die Übermacht über andere Darstellungen, welche sich bereits vor Klostermann herausbildeten oder parallel zu Klostermann.

In Klostermanns Bild des Böhmerwaldes spielte das Motiv des verheerenden Sturms eine entscheidende Rolle, der in der zeitgenössischen Publizistik starken Widerhall fand. Dieses Motiv ermöglichte eine ganz neue Geschichte des Berglandes zu schreiben. Die Gegend wurde zur Terra nuova, zum Ort neuer Erkenntnisse. Man kann Karel Klostermann daher als Akteur sehen, der den Beginn der Geburt des Böhmerwaldes in Gestalt eines Ortes des tschechischen Kulturgedächtnisses markiert.

Der Erfolg bei den Lesern wie auch die durchdachten Geschäftsstrategien des Verlegers delegierten den Schriftsteller schon zu seinen Lebzeiten in die Rolle eines Dokumentaristen des „echten" Böhmerwaldes, welche jedoch nichts anderes war als ein sentimentaler Mythos von einer verlorenen Welt natürlicher wie auch gesellschaftlicher Ursprünglichkeit. Als Schriftsteller, der die alte Welt des Böhmerwaldes repräsentiert, sicherte sich Klostermann bis in die heutigen Tage ungebrochene Popularität.

STELLER DES BÖHMERWAL
RWALDES ROMANCIER DES
WALDES BÖHMERWÄLDER
RWALDES ENTDECKER DES
ERWÄLDER BARDE BÖHME
S BÖHMERWÄLDER BARD
ROMANCIER DES BÖHMER
MERWALDES BÖHMERWÄL
ÄLDER APOSTEL DER VERSÖ

DICHTER DES BÖHMERWA

HMERWALDES, LIEBHABER

DE CHRONIKER UNSERES B

MERWALDES, PORTRÄTIER

LDES SCHRIFTSTELLER DER

HTER DES BÖHMERWALDE

DES APOSTEL DER VERSÖHN

AUTOR BÖHMERWÄLDER F

NG ENTDECKER DES BÖHM

Was bedeutete der Böhmerwald für die Tschechen vor Klostermann? Vor allem nichts. Für die Erzählung vom „tschechischen Volk" war er nur Teil des alten Motivs von den undurchdringlichen Bergen und Wäldern, die die Grenzen vor dem Einfall von Feinden schützen.

Bis zu Beginn des 19. Jahrhunderts wurde der Böhmerwald überraschenderweise kaum zur Holzgewinnung genutzt. Das Fällen war nicht wirtschaftlich. Das änderte sich erst mit dem Bau von Flösserkanälen. In den 60er Jahren stagnierte der Holzabbau jedoch. Brennholzscheite wurden in den großen Städten von günstigerer und effektiverer Kohle verdrängt. Für die Inhaber eines großen Teils des Böhmerwaldes, die Schwarzenberger, bedeutete der Sturm im Jahr 1870 eine Katastrophe und große Investitionen.

Das Bild von den Bergen als Grenzwall begegnet uns schon in mittelalterlichen Chroniken.

In Europa liegt Germanien, zu deren Ländern zur östlichen Seite breitet sich ein weites Land aus, rundherum von allen Seiten mit Bergen eingefasst, die sich auf sonderbare Weise um das gesamte Land ziehen, so dass es aussieht, als würde ein zusammenhängender Berg das ganze Land umgehen und bewachen.

Chronik des Kosmas aus dem 12. Jahrhundert

Die Verteidigung des Böhmischen Königreichs. Das Schlagen einer Schneise gegen Angreifer im undurchdringlichen Böhmerwald. Ottos *Čechy* (Böhmen), Band Šumava (Böhmerwald), 1883

Das Ritual der Abgrenzung 2.0

Der Borkenkäfer hat euch den Grenzwald aufgefressen?

Daran können wir hier nichts ändern. Wenden Sie sich lieber an das Grundstücksamt.

39. VODOPÁD MUMLAVY V KRKONOŠÍCH. Krkonoše! Jak rozkošné vzpomínky budí slovo to v duši české. Nebetyčné, dlouho do léta sněhem kryté vrcholy, obrovské hřbety, divukrásné úžlabiny, svěží lesy, bublavé potoky a prudké ručeje, tvořící na nejednom místě vodopády překvapující krásy, a vše obestřeno zlatým předivem fantastických pohádek o dobrosrdečném pánu vší krásy té: o Krakonoši. A nejen krásné horstvo, ale také mocná hráz proti německému moři. Bohužel, že hráz mořem tím skoro prosákla. Ale přece ne docela. Sem tam buj již krystalisační body života českého, jež zneháhla bohdá bajkou učiní tvrzení o německosti Krkonoš. A jak obyčejně u nás, opět jen přičiněním jednotlivců. A jedním z nejhorlivějších jest Jan hrabě Harrach, jehož majetek tam v horách prostírá se do nekonečna. — Nedaleko za Novým Světem, jehož staré, Harrachovské skelné hutě slávu českého sklského průmyslu roznesly po celém světě, uprostřed rozkošného, vonného lesa nalézá se nejskvostnější vodopád Krkonoš, vodopád, jemuž netřeba pomahati zadržováním vody, jako děje se na př. u vodopádu labského. Žulovým korytem, plným prohlubní mušlovitě vymletých, a středem skvostného, divokého údolí bujně žene se s hor říčka Mumlava, veselým hukotem naplňujíc velebný les. A pojednou koryto to, minouc menší stupeň, jakoby náhle do hloubky asi 9 metrů v celé své imposantní šíři obrovskou jakous silou sraženo bylo. A říčka s jásotem vrhá se do hloubky té, rozbíjejíc vody své o spodní žulové balvany, a spěchá tím rychleji dále, netušíc, že za nedlouho spoutají její tok a přinutí k plodné práci. Jeden z nejkrásnějších bodů Krkonoš. Neradi jen opouštíme poetické zákoutí to, kdež, nejsme-li právě rušeni rozpustilými turisty, při tajemném hukotu vln a omamujícím šumění lesa zapomínáme tak rádi aspoň na chvilku celého ostatního světa. —

FOT. J. ECKERT V PRAZE.

DR. JOSEF ŠTOLBA.

Mumlava-Wasserfall im Riesengebirge. Aus dem Bildband *Letem českým světem* (Flug durch die tschechische Welt) von J. R. Vilímek. In der Bildunterschrift beklagt sich der Autor über die Expansion der deutschen Hoteliers und Touristen, mit denen die Tschechen nicht konkurrieren können.

In der Kultur der nationalen Wiedergeburt wird das Grenzgebiet Böhmerwald zunehmend verbunden mit dem Vaterland mittels der Moldau, dem Fluss, der quer durch die Böhmischen Länder fließt. Eine ausdrucksstarke Bekräftigung dieser Verbindung ist Smetanas Komposition *Die Moldau* (1875), welche den Verlauf des Flusses von seinen Quellen bis zur Mündung in die Elbe darstellt.

Das Lied *Tief drin im Böhmerwald*, wohl aus dem Jahr 1870, wird dem Böhmerwälder Glaser A. Hartauer zugeschrieben und wurde bald zum Volkslied, das auch unter tschechischen und österreichischen Deutschen Verbreitung fand. Besondere Bedeutung erhielt es nach 1945, als es sozusagen zur Hymne von Vereinen vertriebener Böhmerwälder Deutscher wurde. Es thematisiert die Sehnsucht nach dem Böhmerwald – der idyllischen Heimat.

Tief drin im Böhmerwald

Tief drin im Böhmerwald,
Da ist mein Heimatort,
Es ist gar lang schon her,
Dass ich von dort bin fort.
Doch die Erinnerung,
Die bleibt mir stets gewiss,
Dass ich den Böhmerwald
Gar nie vergiss!

Das war im Böhmerwald,
Wo meine Wiege stand,
Im schönen, grünen Böhmerwald.

O sel'ge Kinderzeit,
Kehr einmal noch zurück,
Wo spielend ich genoss
Der allerhöchsten Glück,
Wo ich am Vaterhaus
Auf grüner Wiese stand
Und weithin schaute auf
Mein Heimatland.

Das war im Böhmerwald,
Wo meine Wiege stand,
Im schönen, grünen Böhmerwald.

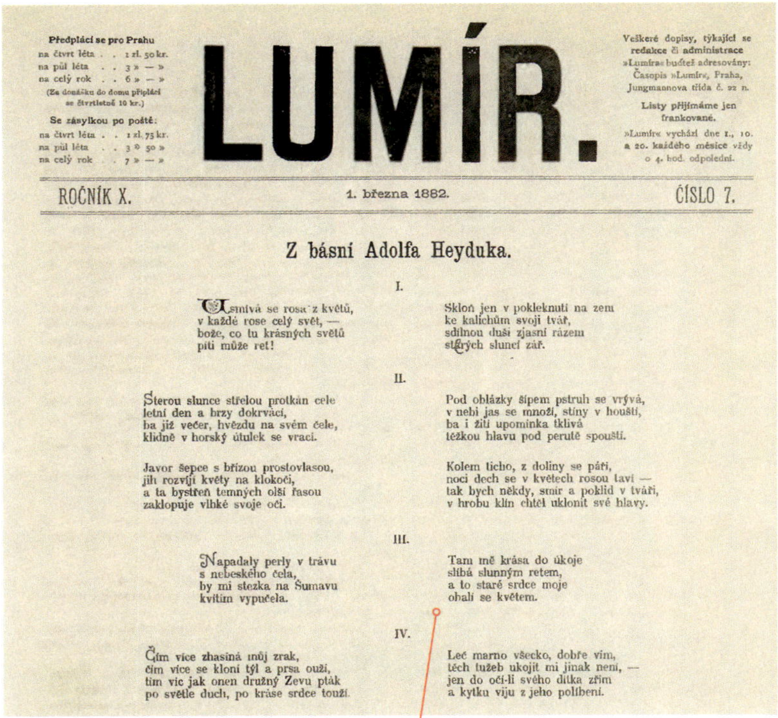

Předplácí se pro Prahu
na čtvrt léta . . 1 zl. 50 kr.
na půl léta . . 3 » — »
na celý rok . . 6 » — »
(Za donášku do domu připlácí se čtvrtletně 10 kr.)

Se zásylkou po poště:
na čtvrt léta . . 1 zl. 75 kr.
na půl léta . . 3 » 50 »
na celý rok . . 7 » — »

LUMÍR.

Veškeré dopisy, týkající se redakce či administrace »Lumíra« buďtež adresovány: Časopis »Lumír«, Praha, Jungmannova třída č. 22 n.

Listy přijímáme jen frankované.

»Lumír« vychází dne 1., 10. a 20. každého měsíce vždy o 4. hod. odpolední.

ROČNÍK X. | 1. března 1882. | ČÍSLO 7.

Z básní Adolfa Heyduka.

I.

Usmívá se rosa z květů,
v každé rose celý svět, —
bože, co tu krásných světů
píti může ret!

Skloň jen v pokleknutí na zem
ke kalichům svoji tvář,
sdílnou duši zjasní rázem
starých sluncí zář.

II.

Šterou slunce střelou protkán cele
letní den a brzy dokrvácí,
ba již večer, hvězdu na svém čele,
klidně v horský útulek se vrací.

Pod oblázky šípem pstruh se vrývá,
v nebi jas se množí, stíny v houští,
ba i žití upomínka tklivá
těžkou hlavu pod perutě spouští.

Javor šepce s břízou prostovlasou,
jíh rozvíjí květy na klokoči,
a ta bystřeň temných olší řasou
zaklopuje vlhké svoje oči.

Kolem ticho, z doliny se páří,
noci dech se v květech rosou taví —
tak bych někdy, smír a poklid v tváři,
v hrobu klín chtěl uklonit své hlavy.

III.

Napadaly perly v trávu
s nebeského čela,
by mi stezka na Šumavu
kvítím vypučela.

Tam mě krása do úkoje
slibá slunným retem,
a to staré srdce moje
obalí se květem.

IV.

Čím více zhasíná můj zrak,
čím více se kloní týl a prsaouží,
tím víc jak onen družný Zevu pták
po světle duch, po kráse srdce touží.

Leč marno všecko, dobře vím,
těch tužeb ukojit mi jinak není, —
jen do očí-li svého dítka zřím
a kytku viju z jeho políbení.

Ukončeno jes

nové sešitové vydání

VÝPRAVNÝCH SP

A. V. ŠMILO

Vyšly v 10 svazcí

I. Parnassie. Román ze Šumavy. –

II. Setník Dřevnický. Obraz ze
z uměleckého života.

III. Krupař Kleofáš. Kapitola z m
červánků. Román.

IV. Starohorský filosof. Román.

V. Nebesa. Povídka. — Procul n

VI. Rozptýlené kapitoly. Řada I.
vodních novel.

VII. Vesnické povídky. (Pod došk
Baron Krušina. - Perla v hrubé

VIII. Povídky z města. (Červený de
na Klenici. - Vácha z Nebuzína.
tribuční. - Hodina v expeditě.)

IX. Na čerstvém vzduchu. Román

X. Martin Oliva. Tragedie ze vsi.
román.

V elegantní polofranc

Díl I.—III. . . . .
„ IV.—VI. . . . .
„ VII.—VIII. . . . .
„ IX.—X. . . . .

Spolehlivým odběratelům ponechá
lovského též na splátky. — Na sklad
objednávky po předchozím zaslání obn

NAKLADA
11, Je

Alternative Bilder des Böhmerwaldes von Klostermanns Zeitgenossen. Das Bergland ist für sie meist eine idyllische Naturkulisse oder ein fester Bestandteil des nationalen Raumes, dessen Vergangenheit die Natur selbst erhält.

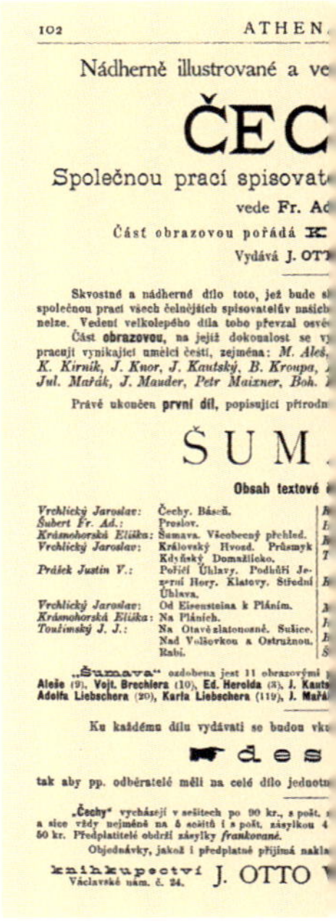

102 ATHEN

Nádherně illustrované a ve

ČEC

Společnou prací spisovat

vede Fr. Ad

Část obrazovou pořádá K

Vydává J. OT

Skvostné a nádherné dílo toto, jež bude s
společnou prací všech čelnějších spisovatelův našich
nelze. Vedení velkolepého díla toho převzal osvě
Část obrazovou, na jejíž dokonalost se v
pracují vynikající umělci čeští, zejména: *M. Aleš,*
K. Kirnik, J. Knor, J. Kautský, B. Kroupa,
Jul. Mařák, J. Mauder, Petr Maixner, Boh.

Právě ukončen první díl, popisující přírodn

ŠUM

Obsah textové

Vrchlický Jaroslav:	Čechy. Báseň.
Šubert Fr. Ad.:	Proslov.
Krásnohorská Eliška:	Šumava. Všeobecný přehled.
Vrchlický Jaroslav:	Královský Hvozd. Průsmyk Kdyňský. Domažlicko.
Prášek Justin V.:	Pořičí Úhlavy. Podhůří Jezerní Hory. Klatovy. Střední Úhlava.
Vrchlický Jaroslav:	Od Eisensteina k Pláním.
Krásnohorská Eliška:	Na Pláních.
Toužimský J. J.:	Na Otavě zlatonosné. Sušice. Nad Volšovkou a Ostružnou. Rabí.

„Šumava" ozdobena jest 11 obrazovými
Aleše (9), Vojt. Brechlera (10), Ed. Herolda (3), J. Kauts
Adolfa Liebschera (20), Karla Liebschera (119), J. Mařá

Ku každému dílu vydávati se budou vk

des

tak aby pp. odběratelé měli na celé dílo jednot

„Čechy" vycházejí v sešitech po 90 kr., s pošt.
a sice vždy nejméně na 5 sešitů i s pošt. zásylkou 4
50 kr. Předplatitelé obdrží zásylky *frankované.*
Objednávky, jakož i předplatné přijímá nakla

knihkupectví J. OTTO
Václavské nám. č. 24.

Wie Perlen fielen sie ins Gras
aus dem Himmelsreich,
auf meinem Weg zum Böhmerwald,
voll erblühte Herrlichkeit.

Aus den Gedichten von Adolf Heyduk, 1882

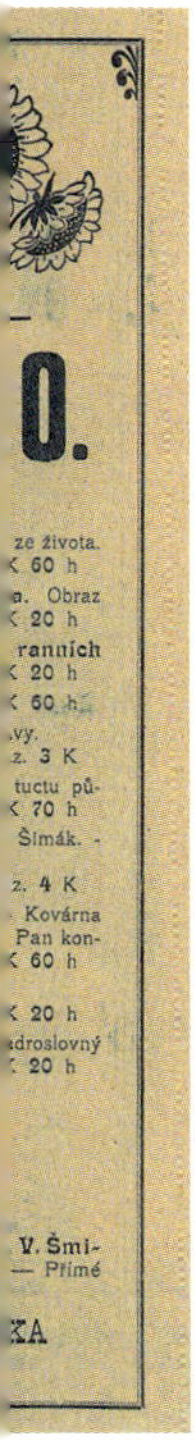

Vstupujeme v pravěký svět přírodních divův i ve skvostnici drahých českých paměti, na pomezní ty stráže národnosti naší uprostřed krajinného ráje, v nějž hluboko se vhrnul živel cizí přes hranice staroslavného tohoto království. Tam nás vedou z nitra českých krajův ony pahorky, hřbety, vrchy, které, na konci jednom vroubíce jihozápadní obzor budějovické roviny, odtud na severozápad, po části rovnoběžně s jihozápadními českými hranicemi, dále pokračují k Srbsku u Strakonic, k hoře Svatoboru u Sušice, přes Prácheň, Klenové, Doubravu u Polaně a Černou skálu u Loučími až k oné památné bráně

Wir treten ein in eine uralte Welt der Naturwunder und in eine Schatzkammer der teuren tschechischen Erinnerungen, an der Grenze die Wachen unserer Nation mitten im landschaftlichen Paradies, in das das fremde Element tief eingedrungen ist über die Grenzen dieses gerühmten Königreichs ... So schlägt auch der Lauf der Geschichte, der aus dem Böhmerwald zu uns gelangt, direkt in das heiligste Herz eine tiefe Wunde; unter dem Böhmerwald wurde doch Hus geboren, dort wirkte Chelčický, dort schlug Žižka die eisernen Herren ... die Wälder donnern hier in Berggewittern, als würden sie an jene Gewitter erinnern, die hier unter dem Sturm der Hussiten und dem Einfall der Fremden donnerten, bis der letzte große Aufprall die tschechische Vergangenheit in ein zweihundertjähriges Grab spülte.

Aus dem Prolog von Eliška Krásnohorská zu Ottos *Čechy* (Böhmen), 1883

Die Berge an der Grenze finster von riesigen Urwäldern, und von den Hängen dieser Berge zogen sich breite Streifen meilenweit bis tief ins Land hinein. Auch dort, drinnen, breiteten sich Einöden von alten, dunklen Forsten aus, dazwischen leuchteten hellgrüne, saftige Weiden mit wehendem, hohem Gras. ... Kaum menschliche Spuren. Dafür überall reichlich Tierleben.

A. Jirásek, *Staré pověsti české* (Alte böhmische Sagen), 1894

Jiráseks *Staré pověsti české* (Alte böhmische Sagen) erschienen im Jahr 1894 im Verlag von J. R. Vilímek. Das einleitende Bild vom mythischen Böhmen ist geprägt durch Motive, die für Klostermanns Darstellung des Böhmerwaldes charakteristisch sind. Während der undurchdringliche Wald für Klostermann ein dramatischer Schauplatz ist, grenzt er bei Jirásek, ähnlich wie bei einer Reihe weiterer tschechischer Belletristen, den Raum des Vaterlandes ab und nimmt die Rolle eines Schutzwalles gegen das Fremde an. Dasselbe Bild, verschiedene Bedeutungen.

Prospekte aus Vilímeks Verlag betonen die Rolle Karel Klostermanns als Entdecker und Eroberer des Böhmerwaldes.

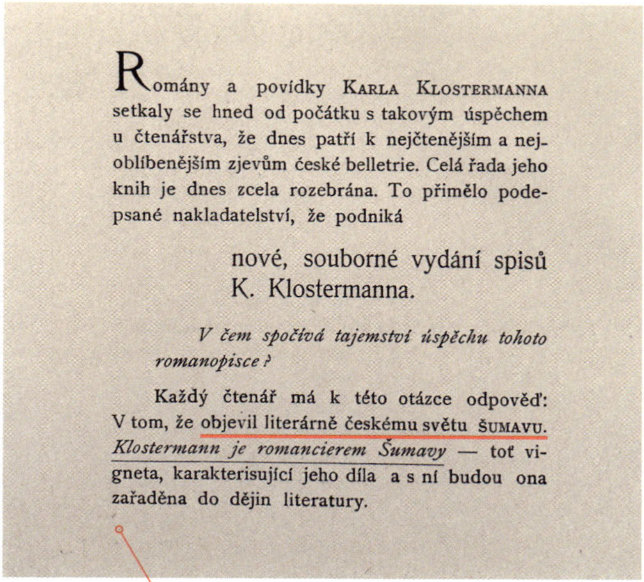

Romány a povídky Karla Klostermanna setkaly se hned od počátku s takovým úspěchem u čtenářstva, že dnes patří k nejčtenějším a nejoblíbenějším zjevům české belletrie. Celá řada jeho knih je dnes zcela rozebrána. To přimělo podepsané nakladatelství, že podniká

nové, souborné vydání spisů K. Klostermanna.

V čem spočívá tajemství úspěchu tohoto romanopisce?

Každý čtenář má k této otázce odpověď: V tom, že objevil literárně českému světu Šumavu. *Klostermann je romancierem Šumavy* — toť vigneta, karakterisující jeho díla a s ní budou ona zařaděna do dějin literatury.

Klostermann entdeckte literarisch den Böhmerwald für die tschechischen Welt.

Karel Klostermann macht die Terra incognita zur Terra nuova.

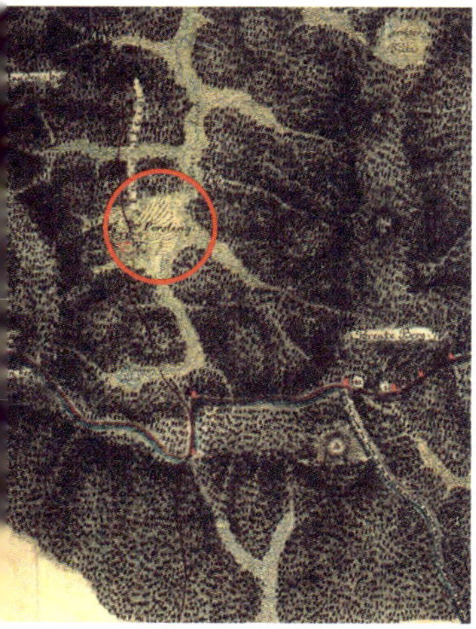

Erste militärische Kartierung aus der Mitte des 18. Jahrhunderts – Pürstling, später Březník (auch St. Gunthersberg) und Umgebung

Klostermanns Motiv von Vernichtung und Verfall wurde identitätsstiftend für den Raum. Illustration von K. Liebscher aus dem Buch *V ráji šumavském* (Im Paradies des Böhmerwaldes), 1893

Der Verfall des Waldes wurde schon mit seiner Gründung im Jahr 1991 zum Bestandteil der Identität des Nationalparks Böhmerwald.

Nach Karel Klostermann benannte Straßen und Plätze auf einer Karte Tscheсhiens. Wie ersichtlich, erscheint der Name des Schriftstellers in Verbindung mit der Region seiner Tätigkeit. Im Gebiet des Sudentlandes wird er zum Werkzeug des Umschreibens der örtlichen Geschichte. Klostermann stellt hier vor allem einen Nationalschriftsteller dar.

Klostermann im aktuellen Mediendiskurs

… hätte das Klostermann erlebt, er hätte seinen Pilgerstock genommen und vom Pürstling alle seine motorisierten Bewunderer verprügelt …

Vladimír Just, *Plzeňský deník*, 2003

Gegen den Borkenkäfer zogen die Waldarbeiter schon zu Zeiten des Schriftstellers Karel Klostermann Ende des 19. Jahrhunderts aus.

Antonín Pelíšek, *MF Dnes*, 2004

Ich war im Land Karel Klostermanns und meiner Vorfahren. Die zogen von hier weiter in die böhmischen Länder, um sich ihr Brot voll Mörtel und Öl aus den Drehbänken und Fräsen zu verdienen.

Jaroslav Kojzar, *Haló noviny*, 2002

Warum müssen die alten Fichten sterben, die noch Klostermann erlebt haben und unser Kulturerbe sind? Dabei könnten sie hier noch länger sein als unsere Generation? Was wird nach ihnen wachsen? Wieder Fichten.

Tomáš Jirsa, *Českobudějovický deník*, 2006

Karel Klostermann ist Tscheche und Europäer zugleich. Er verbindet und belebt die Region Böhmerwald von allen Himmelsrichtungen aus. Die Besucher erfahren viel Interessantes und Neues über das noch nicht lange vergangene Leben der Bewohner des Böhmerwaldes, ob sie nun tschechisch oder deutsch gesprochen haben.

Jan Zahradník, *Právo*, 2008

Das Vermächtnis Karel Klostermanns reicht über Grenzen hinaus.

Pressemitteilung des NP Böhmerwald, 2009

Ich möchte Ihnen versichern, werter Herr Redakteur, dass ich neben der Besichtigung der Wälder vom Hubschrauber aus bei informellen Gesprächen die Möglichkeit hatte mit Menschen zu sprechen, durch deren Bewirtschaftung die Böhmerwälder Natur unbefleckt und gepriesen wurde, wie sie in den Büchern Karel Klostermanns und Adalbert Stifters besungen wird.

Miloš Zeman, *Právo*, 2009

Klostermann hatte wie jeder Böhmerwälder eine natürliche Verbindung zu den Juden.

Vladimíra Pavlovová, *Českobudějovický deník*, 2008

Trotzdem gab es zur Wende vom 19. zum 20. Jahrhundert im Böhmerwald noch Gebiete, die man als echte Wildnis bezeichnen konnte ... Die meisten davon gibt es nicht mehr, wo sie waren, ist vor allem dank der literarischen Tätigkeit Karel Klostermanns bekannt.

Zuzana Balcerová, *Hospodářské noviny*, 1999

Schlussendlich war der beim Sturm entwurzelte Wald, wie es Klostermann in seinem Roman Ze světa lesních samot (Aus der Wald der Waldeinsamkeiten) beschreibt, ursprünglicher Urwald.

Vladimír Říha, *Neviditelnýpes.cz*, 2008

Wie es Klostermann den Flussperlmuscheln flüsterte: Der größte Feind des Böhmerwaldes ist der unersättliche Mensch.

Jiří Leschtina, *Hospodářské noviny*, 2008

Zig kilometer trockenen Waldes, vor allem in den zentralen Teilen und um die Staatsgrenze, vertrocknet. Sie starren und klagen! Für die Liebhaber des Böhmerwaldes sind sie eine wehmütige Allegorie von Klostermanns Lied, das unser Herz heftig berührt.

Petr Martan, *Prachatické listy*, 2008

Wir hätten uns für die bayerische Variante eines kleinen Reservats entscheiden können, aber wir haben uns bewusst für den – in Europa außergewöhnlich großen – Raum eines Berglandes entschieden, das gleichzeitig (das ist am Böhmerwald einmalig!) Kulturlandschaft ist. Jene, über welche Karel Klostermann schreibt.

Petr Pithart, *Lidové noviny*, 2009

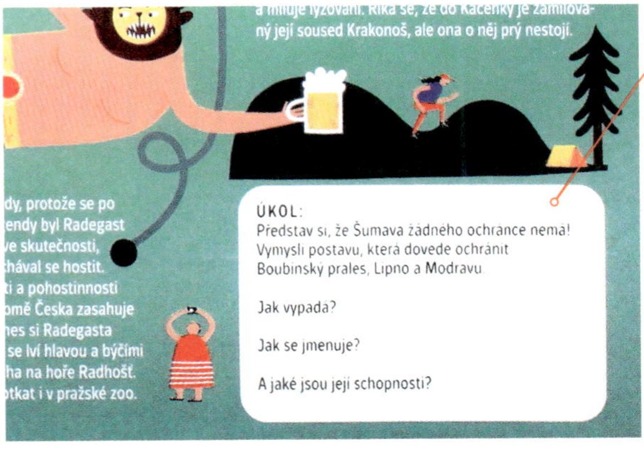
ný její soused Krakonoš, ale ona o něj prý nestojí.

dy, protože se po
endy byl Radegast
e skutečnosti,
hával se hostit.
i a pohostinnosti
omě Česka zasahuje
es si Radegasta
se lví hlavou a býčími
ha na hoře Radhošť.
tkat i v pražské zoo.

ÚKOL:
Představ si, že Šumava žádného ochránce nemá! Vymysli postavu, která dovede ochránit Boubínský prales, Lipno a Modravu.

Jak vypadá?

Jak se jmenuje?

A jaké jsou její schopnosti?

Aufgabe:
Stell Dir vor, der Böhmerwald hat keinen Schutzpatron. Denk Dir eine Figur aus, die den Urwald in Boubín (Kubany), den Stausee Lipno (Lippen) und Modrava (Mader) schützt.

Wie sieht sie aus?

Wie heißt sie?

Welche Fähigkeiten hat sie?

Rübezahl blickt auf sein Riesengebirge. *Krkonošská pohádka* (Märchen aus dem Riesengebirge), 1974

Sein Herz aber gehörte dem Böhmerwald und ich erlaube mir ein Gleichnis – so wie zum Riesengebirge, wenn auch nur als mythische oder Märchengestalt, Rübezahl gehört, so gehört zum Böhmerwald Karel Klostermann. Sein Name ist für immer mit dem Böhmerwald verbunden und der Böhmerwald mit ihm.

P. Zimmermann, Landeshauptmann des Pilsener Landes, Vorwort zur Publikation *Rok spisovatele Karla Klostermanna* (Jahr des Schriftstellers Karel Klostermann), 2008

Klostermann blickt auf seinen Böhmerwald. Band mit Erzählungen *Ze Šumavy* (Aus dem Böhmerwald), 2021

Die Erinnerung an den Wald vs. die Erinnerung an den Böhmerwald. Ein Konflikt, der fast zwei Jahrhunderte andauert.
Bild: Alter kleiner Wald in Biskupská slať (Markfilz)

Danksagung

Für die Bereitstellung von Material danken wir dem Archiv der Stadt Pilsen, dem Archiv des Tschechischen Fernsehens, der Südböhmischen wissenschaftlichen Bibliothek in České Budějovice (Budweis), dem Museum für Waldwirtschaft, Forstwirtschaft und Fischerei – Schloss Ohrada, dem Museum des Böhmerwaldes in Sušice (Schüttenhofen) – dem Museum Kašperské Hory (Bergreichenstein), vor allem aber Vladimír Horpeniak, der Mährischen Landesbibliothek in Brünn, der Nationalgalerie in Prag, der Nationalbibliothek in Prag, dem Nationalen Filmarchiv, dem Nationalpark Böhmerwald und besonders seinem Direktor Pavel Hubený, der Nordböhmischen Galerie der bildenden Künste in Litoměřice (Leitmeritz), dem Verein Karel Klostermann – spisovatel Šumavy (Karel Klostermann – Schriftsteller des Böhmerwaldes), d. h. Václav Sklenář und Heidi Binder vom Rat der Stadt Haag am Hausruck, Vojtěch Čada für die wissenschaftlichen Dokumentation. Besonderer Dank für die deutsche Ausgabe gilt František Martínek, Katja Brankačkec, Markus Rudolfi, Edith Döringer, dem Verein Šumava Litera, d. h. Martin Sichinger, und dem Deutsch-Tschechischen Zukunftsfond.

Redaktionshinweis

Die Ortsnamen sind zweisprachig. Namen von Institutionen, die die Quellen für diese Publikation geliefert haben, nur in tschechischer Sprache. Die Sprache der Originalwerke wird von uns nicht bearbeitet; Übersetzungen aus Klostermanns Werken sind das Werk der Übersetzerin. Im Text verwenden wir folgende Abkürzungen und Kürzel: KK (= Karel Klostermann), Waldeinsamkeiten (= Aus der Welt der Waldeinsamkeiten), Im Paradies (= Im Paradies des Böhmerwaldes), Skizzen (= Böhmerwald-Skizzen). Und auch diese tschechischen Abkürzungen der Institutionen: Archiv der Stadt Pilsen (= AMP), Südböhmische wissenschaftliche Bibliothek in Budweis (= JVK), Mährische Landesbibliothek in Brünn (= MZK), Nationalbibliothek in Prag (=NK), Museum des Böhmerwaldes in Schüttenhofen – Museum Bergreichenstein (= MŠS – MKH), Nationalgalerie in Prag (= NGP), National Filmarchiv (= NFA).

Verwendete Literatur

BALBÍN, Bohuslav, BUSINSKÁ, Helena (ed.). *Krásy a bohatství české země*. Praha: Panorama, 1986.

BRÁZDIL, Rudolf, STUCKI, Peter, SZABÓ, Péter, DOBROVOLNÝ, Petr, ŘEZNÍČKOVÁ, Ladislava, KOTYZA, Oldřich, VALÁŠEK, Hubert, DOLÁK, Lukáš, ZAHRADNÍČEK, Pavel, SUCHÁNKOVÁ, Sylvie. The Second Most Disastrous Windstorm of the Nineteenth Century in the Czech Lands, 26–27 October 1870. *Theoretical and Applied Climatology* 132 (3–4), 2018, S. 1201–1216.

BRŮNA, Josef, WILD, Jan, SVOBODA, Miroslav, HEURICH, Marco, MÜLLEROVÁ, Jana. Impacts and Underlying Factors of Landscapescale, Historical Disturbance of Mountain Forest Identified Using Archival Documents. *Forest Ecology and Management* 305, 2013, S. 294–306.

ČADA, Vojtěch, MORRISSEY, Robert C., MICHALOVÁ, Zuzana, BAČE, Radek, JANDA, Pavel, SVOBODA, Miroslav. Frequent Severe Natural Disturbances and Non-equilibrium Landscape Dynamics Shaped the Mountain Spruce Forest in Central Europe. *Forest Ecology and Management* 363, 2016, S. 169–178.

ČADA, Vojtěch, SVOBODA, Miroslav, JANDA, Pavel. Dendrochronological Reconstruction of the Disturbance History and Past Development of the Mountain Norway Spruce n the Bohemian Forest, Central Europe. *Forest Ecology and Management* 295, 2013, S. 59–68.

FLINT, Courtney G., McFARLANE, Bonnie, MÜLLER, Martin. Human dimensions of forest disturbance by insects: An international synthesis. *Environmental Management* 43 (6), 2008, S. 1174–1186.

GELDER, Ken. *Popular Fiction. The Logics and Practices of a Literary Field*. London – New York: Routledge, 2004.

GROH, Dieter, KEMPE, Michael, MAEULSHAGEN, Franz. *Naturkatastrophen: Beiträge zu ihrer Deutung, Wahrnehmung und Darstellung in Text und Bild von der Antike bis ins 20. Jahrhundert*. Tübingen: G. Narr Verlag, 2003.

HALBWACHS, Maurice. *La mémoire collective*. Paris: Presses Universitaires de France, 1950.

HELER, Servác. Spousta šumavská. List na památku bývalé Šumavy. *Lumír* 2 (35–36), 1874, S. 425–426, 432–433.

HEURICH, Marco, MAUCH, Christof (eds.). *Urwald der Bayern. Geschichte, Politik und Natur im Nationalpark Bayerischer Wald*. Göttingen: Vandenhoeck & Ruprecht, 2020.

HOŘEJŠÍ, Michal. Karel Klostermann – dokumentarista Šumavy? *Česká literatura* 65 (4), 2017, S. 565–589.

HOŘEJŠÍ, Michal. *Politika lesa*. Praha: Filozofická fakulta Univerzity Karlovy, 2022.

HRDINA, Martin. Krajina paměti jako svědectví o emancipaci rolníků po roce 1848. In ČORNEJ, Petr, KOFRÁNKOVÁ, Vlasta et al. *Místa paměti v procesu formování moderního českého národa*. Praha: Historický ústav, 2021, S. 185–232.

JANÁČKOVÁ, Jaroslava. Klostermann povídkář. In táž. *Stoletou alejí. O české próze minulého věku*. Praha: Československý spisovatel, 1985, S. 176–183.

KANGLER, Gisela. Der Diskurs um „Wildnis“: *Von mythischen Wäldern, malerischen Orten und dynamischer Natur*. Bielefeld: Transcript, 2018.

KARÁSEK ZE LVOVIC, Jiří. Karel Klostermann. V ráji šumavském. *Niva* 3 (15), 1893, S. 239–240.

KLOSTERMANN, Karel. *Ze světa lesních samot*. Praha: J. R. Vilímek, 1894.

KLOSTERMANN, Karel. *Spisy Karla Klostermanna, I–38*. Praha: J. R. Vilímek, 1904–1928.

KLOSTERMANN, Karel, KAISEROVÁ, Kristina, MARTINOVSKÝ, Ivan (eds.). *Dopisy Bettyně. Briefe an Betty*. Ústí nad Labem: Albis international, 1995.

KOLÁŘOVÁ, Anna. Navigating Nature's Transitions: the Bohemian Forest and It Temporalities in Early Tourist Literature. *Český lid* 3 (111), 2024, S. 323-345.

KOSMAS, TOMEK, Václav Vladivoj (ed.). *Kosmův letopis český s pokračováními kanovníka vyšehradského a mnicha sázavského*. Praha: František Palacký, 1882.

KOSTINEC, Antonín. Karel Klostermann a česká turistika. *Český deník* 7 (39), 1918, 5. 2., S. 2–4.

KUBIŠTOVÁ, Zuzana. Kolektivní paměť a národní identita. In MASLOWSKI, Nicolas a kol. *Kolektivní paměť: k teoretickým otázkám*. Praha: Karolinum, 2014, S. 82–112.

MAIDL, Václav. Krajina a literatura staré Šumavy. In SPURNÝ, Matěj (ed.). *Proměny sudetské krajiny*. Praha: Antikomplex, 2006, S. 60–74.

MAIDL, Václav. O jazykové podvojnosti Karla Klostermanna a nejen o ní. In PRŠÍNOVÁ, Tamara, STRAKOVÁ, Libuše (eds.). *Karel Klostermann: (1848–1923). Soupis díla*. České Budějovice: Jihočeská vědecká knihovna, 2008, S. 225–236.

MAIDL, Václav (ed.). *Znovuobjevená Šumava: příspěvky literárního mezinárodního sympozia, Klatovy 28.–30. 9. 1995*. Klatovy: Okresní muzeum, 1996.

MAUCH, Christof, PFISTER, Christian (eds.). *Natural Disasters, Cultural Responses: Case Studies toward a Global Environmental History*. Lanham, MD: Lexington Books, 2009.

MAUR, Eduard. *Paměť hor: Šumava, Říp, Blaník, Hostýn, Radhošť*. Praha: Havran, 2006.

MAUR, Eduard. Památná místa: Místa paměti ve vlastním (tj. topografickém) smyslu slova. In MASLOWSKI, Nicolas a kol. *Kolektivní paměť: k teoretickým otázkám*. Praha: Karolinum, 2014, S. 141–155.

MILOTOVÁ, Nina. Vliv větrných a kůrovcových kalamit 60. a 70. let 19. století na utváření českého obrazu Šumavy. In SEMOTANOVÁ, E. (ed.). *Hranice v krajinách*. Prague: Academia, 2020, S. 367–395.

MINISTR, Josef. Rozpad posledních pralesů na Sušicku. *Minulostí západočeského kraje* 3, 1963, S. 156–169.

MORGAN, Penelope, APLET, Gregory H., HAUFLER, Jonathan B. Historical Range of Variability: A Useful Tool for Evaluating Ecosystem Change. *Journal of Sustainable Forestry* 2 (1–2), 1994, S. 87–111.

NASH, Roderick Frazier. *Wilderness and the American Mind*. London: Yale University Press, 2014.

NICOLSON, Marjorie Hope. *Mountain Gloom and Mountain Glory: The Development of the Aesthetics of the Infinite*. Washington: University of Washington Press, 1997.

NIKL, Ivan (ed.). *Karel Klostermann – spisovatel* Šumavy: *sborník literárních příspěvků z česko-německého sympozia, Sušice 17.–19. 9. 1998*. Klatovy: Okresní muzeum Klatovy, 2000.

PRŠÍNOVÁ, Tamara, STRAKOVÁ, Libuše (eds.). *Karel Klostermann: (1848–1923). Soupis díla*. České Budějovice: Jihočeská vědecká knihovna, 2008.

REGAL, Max. *Život a dílo Karla Klostermanna*. Praha: J. R. Vilímek, 1926.

RUCIŃSKA, Dorota. Natural Disaster Tourism as a Type of Dark Turism. *International Journal of Social, Behavioral, Economy, Business and Industrial Engineering* 10 (5), 2016, S. 1385–1389.

SCHAMA, Simon. *Krajina a paměť.* Praha: Argo, 2007.

SHELHAAS, Mart-Jan, NABUURS, Gert-Jan, SCHUCK, Andreas. Natural Disturbances in the European Forests in the 19th and 20th Centuries. *Global Change Biology* 9 (11), 2003, S. 1620–1633.

SCHEUFLER, Pavel. *Šumava za císaře pána: staré fotografie vyprávějí.* Praha: Slovart, 2023.

STIBRAL, Karel, DADEJÍK, Ondřej, PEPRNÍK, Michal (eds.). *Kauza les: environment jako estetický problém (krása, krajina, příroda III).* Olomouc: Univerzita Palackého, 2010.

STIBRAL, Karel, FAKTOROVÁ, Veronika. The Giant Mountains – as beautiful as the Alps. The origins of the aesthetic discovery of mountains in the Central European context. *Journal of Tourism History* 13 (3), 2022, S. 249–274.

STIBRAL, Karel, FAKTOROVÁ, Veronika, HOŘEJŠÍ, Michal. Environmental Disasters and Place-Based Identity Formation : The Windstorm of 1870 and the 150-Year Czech Relationship with the Bohemian Forest. *Environment and History* 31 (1), 2025, S. 1–20.

SVOBODA, Miroslav, JANDA, Pavel, NAGEL, Thomas A., FRAVER, Shawn, REJZEK, Jan, BAČE, Radek. Disturbance History of an Old-growth Subalpine Picea abies Stand in the Bohemian Forest, Czech Republic. *Journal of Vegetation Science* 23, 2012, S. 86–97.

ŠUBERT, František Adolf (ed.). *Čechy. Díl I. Šumava.* Praha: J. Otto, 1883.

TOMÁŠEK, Martin. *Krajiny tvořené slovy k topologii české literatury devatenáctého století.* Praha: Dokořán, 2016.

TOMÁŠEK, Martin. Tři cesty pralesem (s J. Štolbou, S. Čechem a K. Klostermannem). In KLVAČ, Pavel, (ed.). *Člověk, krajina, krajinný ráz.* Brno: Masarykova univerzita: Fakulta sociálních studií, katedra environmentálních studií, 2009, S. 46–52.

VIKTORA, Viktor, HÁLKOVÁ, Milena, DOLEŽALOVÁ, Pavlína (eds.). *V ráji realistickém: sborník příspěvků ze sympozia věnovaného Karlu Klostermannovi a realismu v české literatuře: Klatovy 24. a 25. duben 2008.* Klatovy: Městská knihovna Klatovy, 2009.

ZACH, Aleš. *Stopami pražských nakladatelských domů: procházka mizející pamětí českých kulturních dějin.* Praha: Thyrsus, 1996.

ZEITHAMMER, Leopold. *Šumava, kraj a lid.* České Budějovice: vl. nákladem, 1902.

Bildverzeichnis

S. 2–3

— Böhmerwälder Wald, Fotografie von P. Hubený, NP Šumava

S. 8–9

— MAŘÁK, Julius. *Böhmerwälder Urwald*, 1891–1892, Öl. © Fotografie Národní galerie Praha [NGP], 2023

S. 10–11

— Eisenbahnarbeiter, Fotografie, 1875. Aus dem Buch ROUČKA, Zdeněk. *Šumavou Karla Klostermanna: obrazy 1875–1914* [Durch den Böhmerwald Karel Klostermanns: Bilder 1875–1914]. Plzeň: ZR&T, 2008, S. 25. Fonds der Jihočeská vědecká knihovna in České Budějovice [JVK]

S. 12–13

— Wildererpistole, Vorderlader (Pícha), Nr. 6940. Sammlung des Muzeum lesnictví, myslivosti a rybářství – zámek Ohrada

— Wildererpistole, einläufiger Vorderlader, Nr. 6 941. Sammlung des Muzeum lesnictví, myslivosti a rybářství – zámek Ohrada

S. 14–15

— Plakat aus dem Film *Ze světa lesních samot* [Aus der Welt der Waldeinsamkeiten], Regie Miroslav Josef Krňanský, 1933. Autorenarchiv

S. 22–23

— Zeitachse. Autorenarchiv

S. 38–39

— Plakat der Ausstellung Karel Klostermann a zrod Šumavy [Karel Klostermann und die Geburt des Böhmerwaldes], Entwurf und Fotografie M. Krištůfek. Autorenarchiv

Karel Klostermannn – das Gedächtnis des Böhmerwaldes

S. 44–45

— In der Welt der Waldeinsamkeiten, Fotografie, nach 1923. Aus dem Buch LEIŠ, Martin. *Šumava na pohlednicích Joži Pospíchala, knihkupce v Sušici.* [Der Böhmerwald auf Ansichtskarten von Jožo Pospíchal, Buchhändler in Sušice – Schüttenhofen]. Hostivice: Petr Prášil Baron, 2017, s. 106. Fonds JVK

S. 46

— Die Bank Karel Klostermanns in Zhůří (Haidl). Errichtet vom Verein Spolek za krásnější Vimperk (Winterberg) Spolek Za krásnější Vimperk, Autorenarchiv

— Chatbot Karel Klostermann. http://www.pruvodce-sumavou.cz/, zum 2. 8. 2023

— Klostermannpfad, Touristenmarke, Fotografie. Autorenarchiv

— Ausflugstipp. Po stopách Karla Klostermanna [Auf den Spuren von Karel Klostermann]. zugänglich auf https://www.lidovky.cz/cestovani/ tip-na-vylet-ve-svete-lesnich-samot-sumavou-po-stopach-spisovatele-klostermanna.A200727_165059_aktuality_ele, zum 2. 8. 2023

— Schema KK – Raum, Gedächtnis, Identität. Enwurf Autoren

S. 47

— Klostermannbrücke über die Vydra (Widra), Fotografie J. Platzer. Autorenarchiv

— Umschlag des Buches ROUČKA, Zdeněk. *Šumavou Karla Klostermanna: obrazy* [Durch den Böhmerwald Karel Klostermanns: Bilder 1875–1914.] Pilsen: ZR&T, 2015. Fonds JVK

S. 48

— Klostermann schreibt im Wald, Portrait. Muzeum Šumavy Sušice (Schüttenhofen) – Muzeum Kašperské Hory [MŠS – MKH], Fonds Nachlass Karel Klostermanns, unbearbeitet.

S. 50

— Umschlag des Buches KLOSTERMANN, Karel. *Červánky mého mládí* [Morgenröte meiner Jugend]. Praha: J. R. Vilímek, 1926. Fonds JVK

— Grab Karel Klostermanns auf dem Zentralfriedhof in Pilsen, Fotografie H. Binder. Autorenarchiv

S. 51

— F. J. Čečetka, Vorwort zum Buch KLOSTERMANN, Karel. *Klostermann mládeži: výbor ze spisů Karla Klostermanna.* [Klostermann für die Jugend: Auswahl von Schriften Karel Klostermanns]. Praha: J. R. Vilímek, 1923, S. I. Fonds JVK

S. 52

— Bau des Klostermann-Aussichtsturms auf dem Javorník (Jauernig), 30er Jahre des 20. Jahrhunderts, Fotografie J. Dostál. MŠS - MKH, Fonds Nachlass Karel Klostermanns, unbearbeitet.

S. 53

— Bilý samum na celé střední Šumavě [Der weiße Wüstensturm im ganzen mittleren Böhmerwald]. *Nová doba* 35 (13), 1929, S. 8. Fonds JVK

— JIRSA, Tomáš. Nechme mýty jejich osudu a říkejme pravdu [Überlassen wir die Mythen ihrem Schicksal und sagen wir die Wahrheit), Zeitungsartikel]. *Listy Píseckka* 5, 2006, 12. 9. Fonds JVK

S. 54–55

— HOŘEJŠÍ, Michal, MOCŇÁK, Michal, Textkorpus über den Böhmerwald. 2016, zugänglich auf <http:// sumava-corpus.narra.eu>, zum 20. 8. 2023

S. 56

— Denkmal für Karel Klostermann in Kašperské Hory (Bergreichenstein), Autoren Z. Jílek und S. Suda, 1973, Fotografie V. Sklenář. Autorenarchiv

— Gedenktafeln für Karel Klostermann realisiert vom Verein Karel Klostermann – spisovatel Šumavy [Karel Klostermann – Schriftsteller des Böhmerwaldes] in Haag und in Srní (Rehberg) 2005, Fotografie H. Binder und V. Sklenář. Autorenarchiv

S. 57

— Klostermann-Souvenieres vom Aussichtsturm auf dem Javorník (Ahornberg), Fotografie M. Krištůfek. Autorenarchiv

— Ein Herz für Karel Klostermann an der Hauswälder Kapelle in Zhůří (Haidl), Fotografie V. Sklenář. Autorenarchiv

S. 58–59

— Szene aus dem Film *Na samotě u lesa* [Die Einsamkeit am Wald], Regie Jiří Menzl, © Státní fond kinematografie. 1976. Národní filmový archiv [NFA]

Zwischen Wildnis und Vergängnis

S. 64–65

— LIEBSCHER, Karel, LIEBSCHER, Adolf, Illustration im Buch KLOSTERMANN, Karel. *V ráji šumavském: román z Pošumaví* [Im Paradies des Böhmerwaldes: Roman aus dem Böhmerwald]. Praha: J. R. Vilímek, 1893, s. p. Fond Moravská zemská knihovna v Brně [Fonds MZK], sg. I–0060.409,7

S. 66–67

— Karte von Klostermanns Böhmerwald, Autoren M. Hořejší, J. Janíček

S. 68–69

— Umschläge von Klostermanns Büchern: KLOSTERMANN, Karel, DVORAK, Gerold, ed.

Heiteres und Trauriges aus dem Böhmerwald, oder „Böhmerwaldskizzen", 2. Teil. Passau: Stutz, 2004. Fonds JVK
— KLOSTERMANN, Karel. *Kam spějí děti* [Die Erben des Böhmerwaldparadieses; wörtlich: Was wird aus den Kindern]. Sušice: Rebstöck, 2009. Fonds JVK
— KLOSTERMANN, Karel. *Zmizelá osada: šumavský román* [Die verschwundene Siedlung: Böhmerwälder Roman]. Praha: J. R. Vilímek, 1920. Fonds JVK
— KLOSTERMANN, Karel. *Robinson na Otavě a jiné povídky* [Robinson auf der Wottawa und andere Erzählungen]. Praha: J. R. Vilímek, 1923. Fonds JVK
— KLOSTERMANN, Karel. *Kam spějí děti* [Die Erben des Böhmerwaldparadieses]. Praha: Státní nakladatelstvi krásné literatury, hudby a umění, 1957. Fonds JVK
— KLOSTERMANN, Karel. *Mlhy na Blatech. Spisy Karla Klostermanna* [Nebel über Blatta. Schriften Karel Klostermanns]. Praha: J. R. Vilímek, [19–]. Fonds JVK
— KLOSTERMANN, Karel. *V srdci šumavských hvozdů* [Im Herzen der Forste des Böhmerwaldes]. České Budějovice: Růže, 1968. Fonds JVK
— KLOSTERMANN, Karel. *Ze světa lesních samot* [Aus der Welt der Waldeinsamkeiten]. Praha: J. R. Vilímek, 1922. Fonds JVK

S. 70

— LIEBSCHER, Karel, LIEBSCHER, Adolf, Illustration im Buch KLOSTERMANN, Karel. *V ráji šumavském: román z Pošumaví* [Im Paradies des Böhmerwaldes: Roman aus dem Böhmerwald]. Praha: J. R. Vilímek, 1893, s. p., Fonds MZK

S. 71

— LIEBSCHER, Karel, LIEBSCHER, Adolf, Illustration im Buch KLOSTERMANN, Karel. *V ráji šumavském: román z Pošumaví* [Im Paradies des Böhmerwaldes: Roman aus dem Böhmerwald]. Praha: J. R. Vilímek, 1893, S. 189. Fonds MZK

S. 72

— LIEBSCHER, Karel, LIEBSCHER, Adolf, Illustration im Buch KLOSTERMANN, Karel. *V ráji šumavském: román z Pošumaví* [Im Paradies des Böhmerwaldes: Roman aus dem Böhmerwald]. Praha: J. R. Vilímek, 1893, S. 439. Fonds MZK
— LIEBSCHER, Karel, LIEBSCHER, Adolf, Illustration im Buch KLOSTERMANN, Karel *V ráji šumavském: román z Pošumaví* [Im Paradies des Böhmerwaldes: Roman aus dem Böhmerwald]. Praha: J. R. Vilímek, 1893, S. 26. Fonds MZK
— VROBEL František, Illustration im Buch KLOSTERMANN, Karel. *Kam spějí děti* [Die Erben des Böhmerwaldparadieses]. *Skláři* [Die Glasmeister]. Praha: Státní nakladatelstvi krásné literatury, hudby a umění, 1957. S. 217. Fonds JVK

S. 74

— KUBIN, Alfred. *Kůň a vlci* [Das Pferd und die Wölfe], 1934, Litografie. Aus der Sammlung der Severočeská galerie výtvarného umění in Litoměřice (Leitmeritz).

Der Wald ewigen Verfalls

S. 80–81

— HEROLD, Eduard. Fichtenwald am Bergkamme, Illustration aus dem Buch WENZIG, Josef, KREJČÍ, Johann. *Der Böhmerwald: Natur und Mensch*. Prag: Karl Bellmann, 1860, S. 135. Fonds JVK

S. 82

— LIEBSCHER, Karel, LIEBSCHER, ADOLF, Illustration im Buch KLOSTERMANN, Karel. *V ráji šumavském: román z Pošumaví* [Im

Paradies des Böhmerwaldes: Roman aus dem Böhmerwald]. Praha: J. R. Vilímek, 1893, s. p. Fonds MZK
— DRAHNÝ, Radek, ŠKODNÝ, David. *Příběhy ze Šumavy v komiksech* [Geschichten aus dem Böhmerwald in Comics]. Vrchlabí: Zdeňka Drahná unter der Marke des Grafikstudios und Verlags Green Mango, 2022, S. 36. Autorenarchiv

S. 83

— LIEBSCHER, Karel. Durch Stürme und Borkenkäfer verwüstetes Land im Böhmerwald, Illustration im Buch ŠUBERT, František Adolf, ed. *Čechy I. díl. Šumava* [Böhmen I. Band Böhmerwald]. Praha: J. Otto, 1883, s. 239. Fonds JVK

S. 84

— Lesní hora (Waldberg) in der Nähe von Krásná Hora (Schönberg), 1894. Fotografie aus dem Buch ROUČKA, Zdeněk. *Šumavou Karla Klostermanna: obrazy* [Durch den Böhmerwald Karel Klostermanns: Bilder 1875–1914]. Plzeň: ZR&T, 2008, S. 155. Fonds JVK
— Turnerova chata po vichřici [Turner-Hütte nach dem Sturm], Fotografie F. Wolf, 1929. Aus dem Buch LEIŠ, Martin. *Šumava na pohlednicích ateliéru WOLF = Der Böhmerwald auf den Ansichtskarten des Ateliers WOLF*. Hostivice: Baron, 2015, S. 25. Fonds JVK
— Interiér horské smrčiny [Inmitten des Bergfichtenwalds], Fotografie P. Hubený, NP Šumava
— Zeitachse Böhmerwälder Störereignisse. Nach LEHEJČEK, Jiří, SVOBODA, Miroslav, ČADA, Vojtěch. Minulost horských smrčin Šumavy [Die Vergangenheit der Bergfichten im Böhmerwald]. *Vesmír* 95, 2016, S. 648–651.

S. 85

— Schnitt durch eine über dreihundertjährige Fichte vom Böhmerwälder Ostrý (Osser), Fotografie M. Krištůfek. Autorenarchiv
— Fichtenwald, Zeitachse der Störereignisse. Nach LEHEJČEK, Jiří, SVOBODA, Miroslav, ČADA, Vojtěch. Minulost horských smrčin Šumavy. [Die Vergangenheit der Bergfichten im Böhmerwald]. *Vesmír* 95, 2016, S. 648–651.

S. 86

— Bučina (Buchwald), Reste des Urwalds, Fotografie, 30er Jahre des 20. Jahrhunderts. Aus dem Buch LEIŠ, Martin. *Šumava na pohlednicích Joži Pospíchala*, knihkupce *v Sušici*. [Der Böhmerwald auf Ansichtskarten von Joža Pospíchal], Buchhändler in Sušice – Schüttenhofen). Hostivice: Petr Prášil Baron, 2017, S. 118. Fonds JVK

S. 87

— BAYER, Edvard. Motiv aus dem Lukenský-Urwald am Boubín (Kubani), Illustration aus dem Buch KAFKA, Josef. *Šumava a Pošumaví* [Der Böhmerwald und Umgebung]. Praha: Grégr a syn, 1904, S. 107. Fonds JVK
— Junge Fichten, Fotografie P. Hubený, NP Šumava
— Inmitten des Bergfichtenwalds, Fotografie P. Hubený, NP Šumava

S. 88

— Der Borkenkäfer, Fotografie. Public domain

S. 88–89

— CHIBA, Yosuoshi. *Heuschrecken*, Fotografie. AFP

S. 89

— DORÉ, Gustave. *Sintflut*, 1865. Public domain

Ein populärer Schriftsteller

S. 94–95

— Der Böhmerwald beim Großen Rachel, 30er Jahre, Fotografie. F. Wolf. Aus dem Buch LEIŠ, Martin. *Šumava na pohlednicích ateliéru WOLF = Der Böhmerwald auf den Ansichtskarten des Ateliers WOLF*. Hostivice: Baron, 2015, S. 17. Fonds JVK

S. 96

— Vilímeks Verlag zur Wende vom 19. zum 20. Jahrhunderts. Grafik aus einem Brief; Janeček Jar. schreibt Karel Klostermann wegen der Korrekturen und Änderungen des Buchtitels zu „Světák z Podlesí" (Ein Weltmann aus Vogelsang), 20. 3. 1905. AMP, Fonds Nachlass Karel Klostermanns, 225/252, LP 21329

— Vilímeks Verlag nach 1926. Fotografie aus dem Buch ZACH, Aleš. *Stopami pražských nakladatelských domů: procházka mizející paměti českých kulturních dějin* [Auf den Spuren der Prager Verlagshäuser: Spaziergang durch die schwindenden Erinnerungen an die tschechische Kulturgeschichte]. Praha: Thyrsus, 1996. Fonds JVK

S. 96–97

— Werbung aus dem Buch KLOSTERMANN, Karel. *Mlhy na Blatech: román. Spisy Karla Klostermanna*. [Nebel über Blatta: Roman. Schriften Karel Klostermanns]. Praha: J. R. Vilímek, [19??]. Fonds JVK

S. 97

— Einführende Seite aus dem Buch COOPER, James Fenimore. *Poslední Mohykán: román* [Der letzte Mohikaner: Roman]. Praha: J. R. Vilímek, 1926, S. 5. Fond Národní knihovna České republiky [Fonds NK]

— SVÁTEK, Jan, BENETT, Léon, Illustration aus dem Buch VERNE, Jules. *Sever proti jihu* [Nord gegen Süd]. Praha: J. R. Vilímek, 1931, S. 117. Fonds JVK

S. 98

— Jack London, 1896. Fotografie aus dem Buch LONDON, Charmain. *The Book of Jack London*. New York: Century Co, 1921. Library of Congress

— Goldnugget, Fotografie. Anonym. Library of Congress

— Verladen von Holz am Ufer der Otava (Wottawa), Foto Atelier Krátký. Ze života na Otavě [Aus dem Leben an der Wottawa], *Český svět* 6 (46), 1909–1910, s. 468. Fonds JVK

S. 99

— Karl May als Old Shatterhand, Fotografie A. Schiesser, 1896. Public domain, zugänglich auf https://karl-may-wiki.de/index.php/Kategorie:%28Datei%29Karl_May, zum 9. 7. 2023

— ZEITHAMMER, Leopold M. *Šumava, kraj a lid: přírodní, místopisné, kulturní, národnostní a národohospodářské poměry na Šumavě* [Der Böhmerwald, Land und Leute: Natur, Ortsgeschichte, Kultur, nationale und nationalwirtschaftliche Verhältnisse im Böhmerwald]. České Budějovice: Leopold M. Zeithammer, 1902, S. 88–89. Fonds JVK

S. 100–101

— *Goldgräber aus der Zeit des Goldfiebers, Alaska*, Henry Solomon Wellcome, um 1900. Library of Congress

— *Waldarbeiter*, 1892, Fotografie aus dem Buch ROUČKA, Zdeněk. *Šumavou Karla Klostermanna: obrazy 1875–1914* [Durch den Böhmerwald Karel Klostermanns Bilder 1875–1914]. Pilsen: ZR&T, 2008, S. 209. Fonds JVK

— Eisenbahnarbeiter, 1875, Fotografie. Aus dem Buch ROUČKA, Zdeněk. *Šumavou Karla Klostermanna: obrazy 1875–1914* (Durch den Böhmerwald Karel Klostermanns: Bilder 1875–1914], Plzeň: ZR&T, 2008, S. 25. Fonds JVK

— Böhmerwald. Moorlandschaft am Großen Rachel. Aus dem Buch ROUČKA, Zdeněk. *Šumavou Karla Klostermanna: obrazy 1875–1914* [Durch den Böhmerwald Karel Klostermanns: Bilder 1875–1914].Pilsen: ZR&T, 2008, S. 25. Fonds JVK

— Lake Tahoe, Fotografie, Lawrence & Houseworth, 1866. Library of Congress

S. 102

— ČERNÝ, Věnceslav, MUKAŘOVSKÝ, Josef, Illustration im Buch MAY, Karl. *Syn lovce medvědů. Vyprávění ze života severoamerických indiánů* [Der Sohn des Bärenjägers: Erzählung aus dem Leben der Indianer Nordamerikas]. Praha: J. R. Vilímek, 1891, S. 128. Fonds NK

S. 102–103

— LIEBSCHER, Karel, LIEBSCHER, Adolf, Illustration im Buch KLOSTERMANN, Karel. *V ráji šumavském: román z Pošumaví* [Im Paradies des Böhmerwaldes: Roman aus dem Böhmerwald]. Praha: J. R. Vilímek, 1893, s. p. Fonds MZK

S. 103

— LIEBSCHER, Karel, LIEBSCHER, Adolf, Illustration im Buch KLOSTERMANN, Karel. *V ráji šumavském: román z Pošumaví* [Im Paradies des Böhmerwaldes: Roman aus dem Böhmerwald]. Praha: J. R. Vilímek, 1893, S. 229, s. 380. Fonds MZK

— ČERNÝ, Věnceslav, Illustration aus dem Buch *Robinson na Otavě a jiné povídky* [Robinson an der Wottawa und andere Geschichten]. Praha: J. R. Vilímek, S. 133 a 196. Fonds JVK

S. 104–105

— Klostermanns-Lehrernotizbuch, Umschlag. MŠS – MKH, Fonds Nachlass Karel Klostermanns, unbearbeitet.

S. 106

— Buffalo Bill's Wild West Show and Congress of Rough Riders of the World – Circus, Plakat, Courier Litho. Co., Buffalo N.Y., 1899, Library of Congress

— Werbeprospekt Laser Arena. Autorenarchiv

S. 107

— Brief des Lehrers Machatý an Klostermann, 8. 1. 1918. AMP, Fonds Nachlass Karel Klostermanns, 4996, 53/124

S. 108

— Fotografie aus dem Film *Ze světa lesních samot* [Aus der Welt der Waldeinsamkeiten]. Regie Miroslav Josef Krňanský, 1933, © Willi Ströminger. NFA

— Karikaturen von Karel Klostermann und Jiří Karásek aus der Zeitschrift *Máj* 7 (22), 1909, S. 279. Fonds JVK

S. 110

— Menschen und Natur, Südostasien, FB Greenpeace International

S. 111

— Leserrezensionen zu Klostermanns Bücher *Zmizelá osada* [Die verschwundene Siedlung], https://www.databaze-knih.cz/knihy/zmizela-osada-231786, zum 20. 8. 2023

Das Buch als Ware

S. 116–117

— Werbekarrikatur J. R. Vilímeks. *Humoristické listy* 61 (27), 1918, 28. 6., S. 280. Fonds JVK

S. 118

— Klostermanns Handschrift der Erzählung Spravedlivost lidská [Menschliche

Gerechtigkeit]. MŠS – MKH, Fonds Nachlass Karel Klostermanns, unbearbeitet

— Verschiedene Handschriften Karel Klostermanns auf Papierstreifen, die zur Abgabe in die Druckerei bestimmt sind. AMP, Fond Nachlass Karel Klostermanns Handschriften

S. 119

— Leben eines populären Textes. Entwurf der Autoren

— Umschlag der deutschen Übersetzung von Klostermanns Roman. Klostermann, Karel. *Aus Waldwildnissen: ein Böhmerwald-Roman*. Prag. [s. n.], 1897. Fonds NK

— Abdruck Ze světa lesních samot [Aus der Welt der Waldeinsamkeiten] in der Zeitschrift *Osvěta americká* 9 (46), 1912, 5. 6., S. 14. Fonds JVK

S. 120

— Werbung für Klostermanns Werke. *Humoristické listy* 38 (28), 1896, 10. 7., S. 16. Fonds JVK

— Werbung für Klostermanns Werke. *Humoristické listy* 50 (44), 1907, 18. 1., S. 640. Fonds JVK

S. 121

— Werbeprospekt für Klostermanns Schriften aus Vilímeks Verlag, undatiert. AMP, Fonds Nachlass Karel Klostermanns, 51/53, 4752

— Honorare für Ausgaben von Klostermanns Werken aus dem Jahr 1926 im Vergleich zum Durchschnittslohn um das Jahr 1930, Tabelle. Quelle Český statistický úřad (Tschechisches Statistikamt), zugänglich auf <https://www.czso.cz/ csu/stoletistatistiky/sladky-zivot-prvorepublikovych-uredniku>, zum 20. 8. 2023

— Werbung für Klostermanns Werke. *Pražská lidová revue* 5 (12), 1909, s. 318. Fonds JVK.

S. 122

— Umschlag des Buches KARAS, Matěj. *Záhuba otrokářova: povídka z pobřeží afrického* [Der Untergang des Sklavenhalters: Erzählung von der Küste Afrikas]. Praha: F. Kytka, 1890. Fonds JVK

S. 123

— Karel Klostermanns, 226/72, 21468

— Vilímek J. R. fordert Manuskript der restlichen Seiten für *Mrtví se nevracejí* [Tote kehren nicht zurück]. Praha, 19. 6. 1914. AMP, Fonds Nachlass Karel Klostermanns, 226/90, 21486

— Illustration aus dem Buch KRONBAUER, Rudolf Jaroslav. *Naše jubilejní výstava* [Unsere Jubiläumsausstellung]. Praha: Vilímek, 1892. Fonds JVK

S. 124

— Mahnungen des Redakteurs F. Herites und J. Vlček vom 5. 2. 1906, 2. 12. 1905, 27. 10. 1905 und 24. 8. 1903. AMP, Fonds Nachlass Karel Klostermanns, 53/10, 4882; 53/8, 4880; 27/10, 4750; 55/28, 5175

S. 125

— Karel Klostermann schreibt eine Erzählung, Fotografie A. Duras. *Plzeňské besedy* I (I), 1909, s. I. Fonds NK

S. 126

— Korespondenzblatt von A. Heyduk mit der Nachricht über die Erteilung des Preises der Tschechischen Akademie, Prag 24. 11. 1905. AMP, Fonds Nachlass Karel Klostermanns, 53/42, 4914

S. 127

— Benachrichtigung K. Klostermanns vonseiten der Tschechischen Akademie über die Erteilung des Preises für den Roman Supplent, Prag 8. 12. 1914. AMP, Fonds Nachlass Karel Klostermanns 50/17, 4618

— Benachrichtigung K. Klostermanns vonseiten der Tschechischen Akademie über die Erteilung des Preises für die Erzählung Aus der Welt der Waldeinsamkeiten, Prag 3. 12. 1892. AMP, Fonds Nachlass Karel Klostermanns, 50/13, 4614

S. 128

— Werbeausgabe von Klostermanns Werken der Brauerei Strakonice (Strakonitz) und der Národní turistická centrály Šumava (Nationale Tourismuszentrale Böhmerwald), 2008, Fotografie. Autorenarchiv

S. 129

— Souveniers zum 170. Geburtstag Klostermanns, Národní turistická centrála Šumava (Nationale Tourismuszentrale Böhmerwald), Fotografie. Autorenarchiv

Die Leser und ihr Autor

S. 134–135

— Karte von E. St. Vráz an Klostermann, Chicago 1913. AMP, Fonds Nachlass Karel Klostermanns, 55/41, 5188

S. 136

— Umschlag des Buchs KLOSTERMANN, Karel. *Mrtví se nevracejí* [Tote kehren nicht zurück]. Praha: J. R. Vilímek, 1930. Fonds JVK

— ČERNÝ, Věnceslav. Illustration im Buch KLOSTERMANN, Karel. *Robinson na Otavě a jiné povídky* [Robinson auf der Wottawa und andere Erzählungen]. Praha: J. R. Vilímek, 1923, s. 148. Fonds JVK

S. 137

— LIEBSCHER, Karel, LIEBSCHER, Adolf, Illustration im Buch KLOSTERMANN, Karel. *V ráji šumavském: román z Pošumaví* [Im Paradies des Böhmerwaldes: Roman aus dem Böhmerwald]. Praha: J. R. Vilímek, 1893, S. 112, 200, 269. Fonds MZK

S. 138

— Der Müller Jan Tyl bietet Klostermann Mehl an, Nezvěstice (Neswiestitz) 18. 12. 1917. AMP, Fonds Nachlass Karel Klostermanns, 226/29, 21425

S. 139

— Julie Petříková schickt Klostermann Tabak, Nusle (Nusl) 15. 9. 1917. AMP, Fonds Nachlass Karel Klostermanns, 226/8, 21404

S. 140

— Brief J. Váchals an K. Klostermann, Vršovice (Werschowitz) 9. 5. 1916. AMP, Fonds Nachlass Karel Klostermanns, 55/13, 5160, S. 140–141, s. 141

S. 141–141

— Ansichtskarte von Alois Svojsík an Klostermann, Buenos Aires 25. 4.?. AMP, Fonds Nachlass Karel Klostermanns, 54/137, 5144, Vorund Rückseite

S. 141

— Karte von E. St. Vráz an Klostermann, Algonquin 19. 7. 1906. AMP, Fonds Nachlass Karel Klostermanns, 55/43, 5190

— Karte von E. St. Vráz an Klostermann, Chicago 31. 12. 1906. AMP, Fonds Nachlass Karel Klostermanns, 55/40, 5187

S. 142

— Angaben aus dem Buch VÁGNER, Vít. *Městská veřejná knihovna a čítárna v Jičíně* [Öffentliche Stadtbibliothek und Lesesaal in Jitschin]. Jičín: Bibliotheksreihe, 1925, S. 10. Fonds JVK

— Der Verein Svatopluk Čech in Wien referiert Klostermann über die Rezeption seiner Bücher, Wien, 4. 11. 1917. AMP, Fonds Nachlass Karel Klostermanns, 50/30, 4631

S. 143

— Einladung zur Abendveranstaltung des Kreises Pasekáři [Die Kahlschläger] in Pilsen mit einem Vortrag K. Klostermanns

Über den Böhmerwald, Pilsen 26. 10. 1898. AMP, Fonds Nachlass Karel Klostermanns, 51/42, 4741
- Einladung zum Vortrag K. Klostermanns im Literární kroužek [Literaturkreis] des V. Kreises, Pilsen 22. 2. 1902. AMP, Fonds Nachlass Karel Klostermanns, 51/43, 4742
- Vortrag K. Klostermanns Über den Böhmerwald in der Abteilung Bildung des Turnvereins Sokol, Volyně (Wolin) 20. 4. 1907. AMP, Fonds Nachlass Karel Klostermanns, 51/44, 4743
- Untersuchung zur Rezeption in Kreisbiblioitheken (1925). Siehe ŠÁMAL, Petr et al. *Literární kronika první republiky: události, díla, souvislosti.* [Literaturchronik der Ersten Republik: Ereignisse, Werke, Zusammenhänge]. Praha: Academia, 2018, S. 116. Fonds JVK

S. 144–145
- Geldüberweisungen und Briefe von Lesern an die Redaktion zur Unterstützung einer Böhmerwälder Familie, welche in Klostermanns Erzählung erscheint, an die Zeitschrift *Politik*, 1893. AMP, Fonds Nachlass Karel Klostermanns 226/283, 21679

S. 145
- Verhältnis der Buchpublikationen, Graphik der Autoren

S. 146
- Brief von Ignát Hermann und seines Sohnes Vladimír an Betty Klostermann bezüglich der Filmrechte auf das Werk ihres Gatten, 1925. AMP, Fonds Nachlass Karel Klostermanns 226/224, 21620

S. 146–147
- Fotografie aus dem Film *Ze světa lesních samot* [Aus der Welt der Waldeinsamkeiten]. Regie Miroslav Josef Krňanský, 1933, © Willy Ströminger. NFA

S. 148
- Plakat zum Film *Ze světa lesních samot* [Aus der Welt der Waldeinsamkeiten]. Regie Miroslav Josef Krňanský, 1933. Autorenarchiv

S. 149
- Plakat zum Film *Cesta pustým lesem* [Durch den einsamen Wald], Regie Ivan ojnár, 1997. Autorenarchiv

Hinauf in den Böhmerwald

S. 154–155
- Klostermanns Mitgliedsausweis als Ehrenmitglied des Klub českých turistů [Klub tschechischer Wandertouristen]. MŠS – MKH, Fonds Nachlass Karel Klostermanns, unbearbeitet.

S. 156–157
- Touristen im Böhmerwald, Fotografien, 1895 und 1922. Aus dem Buch ROUČKA, Zdeněk. *Šumavou Karla Klostermanna: obrazy 1875–1914* [Durch den Böhmerwald Karel Klostermanns: Bilder 1875–1914]. Pilsen: ZR&T, 2008, S. 18 und 51. Fonds JVK
- Karte von Wanderwegen aus dem *Führer durch den Böhmerwald: Österreichische und Bayerische Antheile und das Südliche Deutschböhmen*. Budweis: Verlag des Deutschen Böhmerwaldbundes, 1903, s. p. Fonds JVK

S. 157
- Verzeichnis von Wanderführern durch den Böhmerwald bis 1897 aus dem Buch MALÝ, Ladislav. *Vzhůru na cesty! Návod k cestování pro studující* [Hinauf auf den Weg! Wanderratgeber für Studierende]. *Praha:* Klub českých turistů, 1897, S. 23. Fonds JVK

S. 158

— Entwicklung des Eisenbahnnetzes zwischen 1867–1877. Aus dem Buch SEMOTANOVÁ, Eva et al. *Český historický atlas: kapitoly z dějin 20. století* [Tschechischer Geschichtsatlas: Aus der Geschichte des 20. Jahrhunderts]. Praha: Historický ústav, 2019, S. 45. Fonds JVK

— Zug am Osser. Illustration aus dem Buch PASCHER, Karl. *Führer im Böhmerwald* [*Führer durch den Böhmerwald*]. Pilsen: Verlag von Wendelin Steinhauser, 1878, S. 41. Fonds JVK

— LIEBSCHER, Karel. Blick auf die Jezerní hora (Seewand) mit Zug. Illustration im Buch ŠUBERT, František Adolf, ed. *Čechy I. díl. Šumava*. [Böhmen I. Teil. Böhmerwald]: Praha: J. Otto, 1883, S. 16. Fonds JVK

S. 159

— Umschlag des Buches CIMRHANZL, Tomáš. *Šumava: průvodce po Šumavě* [Böhmerwald: Führer durch den Böhmerwald]. Plzeň: W. Steinhauser, 1878. Fonds JVK

— Umschlag des Buches PASCHER, Karl. *Führer im Böhmerwald* [Führer durch den Böhmerwald]. Pilsen: W. Steinhauser, 1878. Fonds JVK

— Werbung für Böhmerwälder Gasthäuser in deutschen Reiseführern PASCHER, Karl. *Führer im Böhmerwald* [Führer durch den Böhmerwald]. Pilsen: W. Steinhauser, 1878, s. p. und Vilímeks *Průvodce Šumavou: Cestovní rádce po Šumavě, Českém lese a Novohradských horách pro turisty a cyklisty* [Führer durch den Böhmerwald: Reiseratgeber durch den Böhmerwald, Oberpfälzer Wald und das Gratzener Bergland für Wanderungen und Radtouren]. Praha: J. R. Vilímek, 1905, s. p. Fonds JVK

— Umschlag des Buches BOROVSKÝ, František Adolf und KREJČÍ, Jan, ed. *Řivnáčův Průvodce po Šumavě: zevrubný popis celé Šumavy*, její svahů, *blízkých důležitých měst a krajin a pohoří Novohradského* [Řivnáč's Führer durch den Böhmerwald: Ausführliche Beschreibung des ganzen Böhmerwaldes, seines Geländes, der nahen wichtigen Städte und Gegenden, und des Gratzener Gebirges]. Praha: F. Řivnáč, 1883. Fonds JVK

— Umschlag des Buches BOROVSKÝ, František Adolf. *Řivnáč's Führer durch den Böhmerwald: ausführliche Beschreibung des ganzen Böhmerwaldes, seines Geländes, der nahen wichtigen Städte und Gegenden, und das Gratzener Gebirges*. Prag: F. Řivnáč, 1883. Fonds JVK

S. 160

— Wanderinnen unter dem Lusen, kolorierte Fotografie. Aus dem Buch MARTAN, Miloslav, CIPÍNOVÁ, Jana. *Šumava na starých pohlednicích II. = Der Böhmerwald auf alten Ansichtskarten II.* Prachatice: Prostor-design, 2003, S. 122. Fonds JVK

— KAFKA, Josef. Šumava *a Pošumaví* [Der Böhmerwald und sein Umland]. Praha: Grégr a syn, 1904, S. 12. Fonds JVK

S. 161

— Umschlag des Buches KLOSTERMANN, Karel. *Prázdniny na Šumavě a jiné kresby* [Ferien im Böhmerwald und andere Zeichnungen]. Praha: J. R. Vilímek, 1926. Fonds JVK

S. 162

— Brief des Klub českých turistů [Klub tschechischer Wandertouristen] in Prag an Klostermann über seine Ernennung zum Ehrenmitglied, Praha 31. 5. 1918. AMP, Fonds Nachlass Karel Klostermanns 50/50, 4651

— Brief von L. Chlum an Klostermann, Dank der Beseda Jihlava (Iglau), 2. 2. 1893. AMP, Fonds Nachlass Karel Klostermanns 53/74, 4946

S. 162–163

— KLOSTERMANN, Karel. Čertovo jezero (Teufelssee). Aus dem Buch *Letem českým světem: půl tisíce fotografických pohledů z Čech, Moravy, Slezska a Slovenska* [Durch die böhmische Welt. 500 fotografische Ansichten aus Böhmen, Mähren, Schlesien und der Slowakei]. Praha: J. R. Vilímek, 1898, S. 16. Fonds JVK

S. 163

— KLOSTERMANN, Karel. Klammerloch (Bílá strž) im Böhmerwald. Fotografie J. Eckert. Aus dem Buch *Letem českým světem: půl tisíce fotografických pohledů z Čech, Moravy, Slezska a Slovenska* [Durch die böhmische Welt: 500 fotografische Ansichten aus Böhmen, Mähren, Schlesien und der Slowakei]. Praha: J. R. Vilímek, 1898, s. 2. Fonds JVK

— Frontispiz im Buch *Vilímkův průvodce Šumavou: cestovní rádce po Šumavě, Českém lese a Novohradských horách pro turisty a cyklisty*. [Vilímeks Führer durch den Böhmerwald: Reiseratgeber durch den Böhmerwald, Oberpfälzer Wald und das Gratzener Bergland für Wanderungen und Radtouren]. Praha: J. R. Vilímek, 1905. Fonds JVK

S. 164

— Klostermann-Hütte, Ansichtskarte des Klub českých turistů [Klub tschechischer Wandertouristen], Fotografie von O. Procházka, nach 1923. Aus dem Buch LEIŠ, Martin. Šumava na *pohlednicích Joži Pospíchala, knihkupce v Sušici* [Der Böhmerwald auf Ansichtskarten von Joža Pospíchal, Buchhändler in Schüttenhofen]. Hostivice: Petr Prášil Baron, 2017, S. 99. Fonds JVK

— Nachricht über Klostermann in *Deutsche Böhmerwaldzeitung* 27 (14), 1905, s. 107. Fonds JVK

S. 165

— Karel Klostermann an der Otava (Wottawa), Fotografie. MŠS – MKH, Fonds Nachlass Karel Klostermanns, unbearbeitet.

S. 166–167

— Tschernobyl, Fotografie von Genya Savilov, AFP

S. 167

— LIEBSCHER, Karel. Aus dem Böhmerwald, Illustration im Buch ŠUBERT, František Adolf, ed. *Čechy I. díl. Šumava*. [Böhmen I. Teil. Böhmerwald]. Praha: J. Otto, 1883, S. 113. Aus dem Fonds JVK

Ein tschechischer oder ein deutscher Schriftsteller?

S. 172–173

— Umschlag des Buchs KLOSTERMANN, Karel. *Böhmerwald-Skizzen*. Pilsen: C. Klostermann, 1890. Fonds JVK

S. 174

— Fotografie von Karel Klostermann, *Rozkvět* I 9), 1908, 5. 5. s. II. Fonds JVK

— FAUSTIN [Karel Klostermann]. Peřeje hořejší Votavy (Vydry) [Stromschnellen der oberen Wottawa (Widra)], *Světozor* 21 (45), 1887, s. 714. Fonds JVK

S. 175

— Werbung für die deutsche Übersetzung von Klostermanns *Skláři* [Die Glasmeister] aus dem Buch ŠTRUP, Stanislav. *Německy pro pokročilé* [Deutsch für Fortgeschrittene]. Praha: A. Neubert, 1928, s. 390. Fonds JVK

— Inhalt der Zeitschrift *Kosmos. Handweiser für Naturfreunde* 7, 1910, s. p. MŠS – MKH, Fonds Nachlass Karel Klostermanns, unbearbeitet.

— KLOSTERMANN, Karl. Perle des Böhmerwaldes. *Kosmos. Handweiser für Naturfreunde*

7, 1910, s. 270. MŠS – MKH, Fonds Nachlass Karel Klostermanns, unbearbeitet.

S. 176

— Tschechisches Manuskript und deutscher Druck von Klostermanns Erzählungen, *Politik* 41 (108), 1902, 20. 4. S. 1. MŠS – MKH, Fonds Nachlass Karel Klostermanns, unbearbeitet.

— Na spisovatele Karla Klostermanna [Auf den Schriftsteller Karel Klostermann]. *Plzeňské listy* 75, 1905, 1.4., S. 4. Fonds JVK

S. 177

— Umschlag des Buchs KLOSTERMANN, Karel. *Na horké půdě* [Auf heiklem Boden]. Praha: J. R. Vilímek, 1925. Fonds JVK

S. 178

— STAEGER, Ferdinand. Der junge Adalbert Stifter (1919), Grafik aus dem Buch *Von deutscher Kultur in der Tschechoslowakei: aus Anlaß der Ausstellung für zeitgenössische Kultur in Brünn 1928. Der deutsche Ausstellungsausschuß*. Eger: Johannes Stauda, 1928, S. 124. Fonds JVK

S. 179

— Umschlag des Buches *Führer durch den Böhmerwald. Österreichische und Bayerische Antheile und das Südliche Deutschböhmen*. Budweis: Verlag des Deutschen Böhmerwaldbundes, 1903. Fonds JVK

— Eröffnung der Klostermann-Hütte – Einladung 22. 6. 1924. AMP, Fonds Nachlass Karel Klostermanns 51/52, 4751

S. 180

— HEYDUK, Adolf, Vorwort zum Buch DRESLER, Václav. *Básník Šumavy* [Dichter des Böhmerwaldes]. Brno: Václav Dresler, 1914, S. 6. Fonds JVK

— Werbung für Klostermanns Biografie von Václav Dresler. *Jizeran* 35 (36), 1935, 1. 7., S. 7. Fonds JVK

S. 180–181

— Jahr KK. Gemeinsames Erbe, Prospekt. Fonds JVK

— Březník – Pürstling. Treffpunkt der Nationen. Abzeichen. FB Karel Klostermann – Schriftsteller des Böhmerwaldes e. V.

S. 181

— Umschlag des Buches KLOSTERMANN, Karel. *Aus der Welt der Waldeinsamkeiten: ein Roman aus dem Böhmerwald*. Grafenau: Morsak, 1993. Fonds JVK

S. 182–183

— Niederbayerischer Europapreis. Karl Klostermann Verein. Dichter des Böhmerwaldes e. V. FB Karel Klostermann – spisovatel Šumavy, z. s., Fotografie V. Sklenář. Archiv des Vereins Karel Klostermann – Schriftsteller des Böhmerwaldes, e. V.

Das Begräbnis des Nationalschriftstellers und Dichters des Böhmerwaldes

S. 188–189

— Fotografie von Klostermanns Begräbnis in Pilsen, 1923. MŠS – MKH, Fonds Nachlass Karel Klostermanns, unbearbeitet.

S. 190

— Ankündigung des Begräbnisses, *Český směr* 25 (165), 1923, 19. 7., S. 6. Fonds JVK

— Fotografie von Klostermanns Begräbnis in Pilsen, Sarg vor der Katedrale des Hl. Bartholomäus, 1923. MŠS – MKH, Fonds Nachlass Karel Klostermanns, unbearbeitet

S. 191

— Beileidsbekundung für Betty Klostermannová vom Západočeské umělecko-průmyslové muzeum, Plzeň (Pilsen), 19. 7. 1923. MŠS – MKH, Fonds Nachlass Karel Klostermanns, unbearbeitet.

S. 192

— Brief von J. R. Vilímek an Betty Klostermannová bezüglich des rechtlichen Schutzes für Klostermanns Autorenrechte, Praha

(Prag) 23. 4. 1924. MŠS – MKH, Fonds Nachlass Karel Klostermanns, unbearbeitet.

S. 193

— Das Bürgermeisteramt der Stadt Pilsen teilt K. Klostermann mit, dass er zum Ehrenbürger der Stadt ernannt wurde, Plzeň (Pilsen) 28. 12. 1912. AMP, Fonds Nachlass Karel Klostermanns 52/72, 4673

— Gemeinsame Glückwünsche der Pilsener Vereine zum Geburtstag des Schriftstellers, Titelblatt. MŠS – MKH, Fonds Nachlass Karel Klostermanns, unbearbeitet.

S. 194

— Umschlag des Buches REGAL, Max. *Život a dílo Karla Klostermanna* [Leben und Werk Karel Klostermanns]. Praha: J. R. Vilímek, 1926. Fonds JVK

— Abdruck von Klostermanns Roman *Mlhy na Blatech* [Nebel über Blatta]. *Máj* 4 (I), 1905, 15. 9., S. I. Fonds JVK

S. 195

— K. Klostermann und die Bauern aus Blata (Blatta), Fotoatelier A. Wildt. Fotografie aus der Zeitschrift *Máj* (4) 3, 1905, 29. 9., S. 45. Fonds JVK

— JAKŠÍ, Josef. Hinrichtung des Richters Kubata, Grafik. *Světozor* 6 (25), 1906, 30. 3., S. 591. Fonds JVK

S. 196–197

— Kubata-Feierlichkeiten, Fotografie, 2023, zugänglich auf https://www.jcted.cz/ kubatovy-slavnosti-privedly-na-blata-stovky-navstevniku/, zum 9. 7. 2023

Karel Klostermann und die Geburt des Böhmerwaldes

S. 204

— Wanderung auf den Osser, Fotografie von Jožo Pospíchal, nach 1923. Aus dem Buch LEIŠ, Martin. *Šumava na pohlednicích Joži Pospíchala, knihkupce v Sušici* [Der Böhmerwald auf Ansichtskarten von Jožo Pospíchal, Buchhändler in Schüttenhofen]. Hostivice: Petr Prášil Baron, 2017, S. 17. Fonds JVK

— Der Schwarzenbergkanal im Böhmerwald, Fotografie. Aus dem Buch ROUČKA, Zdeněk. *Šumavou Karla Klostermanna: obrazy 1875–1914* [Durch den Böhmerwald Karel Klostermanns: Bilder 1875–1914]. Plzeň: ZR&T, 2015, S. 197. Fonds JVK

S. 204–205

— LIEBSCHER, Adolf. Einschnitte im Böhmerwald. Illustration aus dem Buch ŠUBERT, František Adolf, ed. *Čechy I. díl.* Šumava [Böhmen I. Teil. Böhmerwald]. Praha: J. Otto, 1883, S. 114. Fonds JVK

S. 205

— Kosmas, *Chronica Bohemorum,* Ende des 12. Jahrhunderts. Aus dem Fonds der Universitätsbibliothek Leipzig, Folio 135v

— Strip *Dějiny a současnost* 5, 2023, S. 50, Thema Entstehung von Grenzen

S. 206

— ŠTOLBA, Josef. Wasserfall der Mumlava (Mummel) im Riesengebirge, Fotografie von J. Eckert. Aus dem Buch *Letem českým světem: půl tisíce fotografických pohledů z Čech, Moravy, Slezska a Slovenska* [Durch die böhmische Welt: 500 fotografische Ansichten aus Böhmen, Mähren, Schlesien und der Slowakei]. Praha: J. R. Vilímek, 1898, S. 86. Fonds JVK

S. 207

— LIEBSCHER, Karel. Alegorie Vltavy. ŠUBERT, František Adolf, ed., BOROVSKÝ, František Adolf, ed. Čechy. *Díl II, Vltava.* [Böhmen. Teil II, Die Moldau]. Praha: J. Otto 1884, S. I. Fonds JVK

— Ansichtskarte zum Lied Tief drin im Böhmerwald, zugänglich auf <http://www.goethezeitportal. de/index.php?id=6725>, zum 20. 8. 2023

S. 208

— HEYDUK, Adolf. Aus den Gedichten von Adolf Heyduk. *Lumír* 10 (7), 1882, 1. 3., S. 13. Fonds JVK

S. 208–209

— Werbung für die Ausgewählten Werke von A. V. Šmilovský. *Věda a práce* 8 (16), 1900, 27. 4., s. 256. Fonds JVK

— Werbung für Ottos *Čechy* (Böhmen). *Athenaeum* I (3), 1883, 15. 12., S. 102. Fonds JVK

S. 209

— KRÁSNOHORSKÁ, Eliška. Královský Hvozd (Königlicher Forst). In ŠUBERT, František Adolf, ed. *Čechy I. díl*. Šumava [Böhmen I. Teil. Böhmerwald]. Praha: J. Otto, 1883, S. 11. Fonds JVK

S. 210

— ČERNÝ, VĚNCESLAV, Illustration aus dem Buch JIRÁSEK, Alois. *Staré pověsti české* [Alte böhmische Sagen]. Praha: J. R. Vilímek, 1919, S. 3. Fonds JVK

S. 210–211

— Terra Nuova, Karte. Public domain

— Militärische Kartografie zu Zeiten Josefs II. 1764–1768 und 1780–1783. zugänglich auf <http://oldmaps.geolab.cz/map_region.pl?lang=cs&map_root=1vm&map_region=ce>, zum 20. 8. 2023

S. 211

— Werbeprospekt des Verlags J. R. Vilímek für Werke K. Klostermanns, Ausschnitte. AMP, Fonds Nachlass Karel Klostermanns, 51/53, LP 7752

S. 212

— LIEBSCHER, Karel, LIEBSCHER, Adolf, Illustration im Buch KLOSTERMANN, Karel. *V ráji šumavském: román z Pošumaví* [Im Paradies des Böhmerwaldes: Roman aus dem Böhmerwald]. Praha: J. R. Vilímek, 1893, s. p. Fonds MZK

S. 213

— Logo des Nationalparks Böhmerwald. NP Šumava (NP Böhmerwald)

— Karte der Tschechischen Republik – nach Straßen und Plätze benannt Karel Klostermann. Autor M. Krištůfek. Autorenarchiv

S. 216

— Szene aus der Serie *Krkonošská pohádka* (Märchen aus dem Riesengebirge), Teil I. Wie Trautenberg in Rübezahls Revier zur Jagd ging, Československá televize (Tschechoslowakisches Fernsehen), Regie Věra Jordánová. Archiv České televize

— Wächter der Berge. Kinderzeitung *Raketa*, Na hory [In die Berge], 2022, S. 19

S. 217

— Umschlag des Buchs KLOSTERMANN, Karel. *Ze Šumavy* [Aus dem Böhmerwald]. Praha: Nina Iris, 2021. Fonds JVK

S. 218–219

— Wald bei Biskupská slať (Markfilz), Fotografie M. Hořejší, Autorenarchiv

S. 219

— Baumstumpf im Böhmerwald Fotografie M. Hořejší, Autorenarchiv

Lesezeichen

— Böhmerwald, Fotografie M. Hořejší, Autorenarchiv

— Böhmerwald, Fotografie M. Hořejši, Autorenarchiv

Register

Summary

The book *Karel Klostermann und die Geburt des Böhmerwaldes* (*Karel Klostermann and the Birth of the Bohemian Forest*) is based on the exhibition of the same name commemorating the centenary of the death of Karel Klostermann (1848–1923). Its purpose is to examine the „Writer of the Bohemian Forest" within the context of more than 130 years of reception of his work, and to present him as a unique cultural and literary phenomenon of the late 19th century. Karel Klostermann became not only a keeper of the region's memory but also a symbol of the Bohemian Forest. The aim of this book based on diverse visual materials and extensive archival research is to portray Karel Klostermann as an author who began publishing during a transitionary period of turning the Bohemian Forest into a central touristic destination and rapid growth of the modern book market. The term „birth" in the book's title intentionally alludes to the image of the abrupt transformation of the „old Bohemian Forest" following the major storm of 1870; transformation shaped predominantly by the media discourse and a specific interpretation of Klostermann's texts. Moreover, the term „birth" is connected to the fact that the creation and reception of Klostermann's novels and stories occurred during the dynamic late 19th century when the Bohemian Forest started to turn into an integral part of the Czech „national" space, a process accompanied by various social and cultural changes. It is no exaggeration to say that this was the time when the meaning of Bohemian Forest for Czech people was born.

Karel Klostermann

und die Geburt des Böhmerwaldes

Veronika Faktorová
Michal Hořejší

Erste Auflage © Südböhmische Universität in Budweis,
Verlag der Südböhmischen Universität in Budweis, 2023
© Edition Lichtland GmbH, Unterer Marktplatz 8,
94513 Schönberg, Deutschland, 2025
© Veronika Faktorová, Michal Hořejší, 2023
Redaktion Hannelore Hopfer und Edith Döringer
Rezensiert von Anna Kolářová, M.A.; Mgr. Martin Tomášek, Ph.D.;
Mgr. František Martínek, Ph.D.
© Übersetzt von Katja Brankačkec
Grafische Bearbeitung und Satz Milan Krištůfek (pintos.cz)
Druck Tiskárna Helbich, a.s., Valchařská 36, 614 00 Brno

ISBN 978-3-947171-56-9

Summary

The book *Karel Klostermann und die Geburt des Böhmerwaldes* (*Karel Klostermann and the Birth of the Bohemian Forest*) is based on the exhibition of the same name commemorating the centenary of the death of Karel Klostermann (1848–1923). Its purpose is to examine the „Writer of the Bohemian Forest" within the context of more than 130 years of reception of his work, and to present him as a unique cultural and literary phenomenon of the late 19th century. Karel Klostermann became not only a keeper of the region's memory but also a symbol of the Bohemian Forest. The aim of this book based on diverse visual materials and extensive archival research is to portray Karel Klostermann as an author who began publishing during a transitionary period of turning the Bohemian Forest into a central touristic destination and rapid growth of the modern book market. The term „birth" in the book's title intentionally alludes to the image of the abrupt transformation of the „old Bohemian Forest" following the major storm of 1870; transformation shaped predominantly by the media discourse and a specific interpretation of Klostermann's texts. Moreover, the term „birth" is connected to the fact that the creation and reception of Klostermann's novels and stories occurred during the dynamic late 19th century when the Bohemian Forest started to turn into an integral part of the Czech „national" space, a process accompanied by various social and cultural changes. It is no exaggeration to say that this was the time when the meaning of Bohemian Forest for Czech people was born.

Karel Klostermann

und die Geburt des Böhmerwaldes

Veronika Faktorová
Michal Hořejší

Redaktion Hannelore Hopfer und Edith Döringer
Rezensiert von Anna Kolářová, M.A.; Mgr. Martin Tomášek, Ph.D.;
Mgr. František Martínek, Ph.D.

Grafische Bearbeitung und Satz Milan Krištůfek (pintos.cz)
Druck Tiskárna Helbich, a.s., Valchařská 36, 614 00 Brno

ISBN 978-3-947171-56-9

Einförmige, traurige Wildnis.

KK: Sturm

Einförmige, traurige Wildnis.

KK: Sturm

der Wald,
nicht die Welt.

KK: Waldeinsamkeiten

Bei uns ist der Wald, nicht die Welt.

KK: Waldeinsamkeiten

Der Förster zeigte mit dem Finger: „Urwald“:

KK: Waldeinsamkeiten

Der Förster zeigte mit dem Finger: „Urwald".

KK: Waldeinsamkeiten

Verwunschener Wald! Verwunschene Arbeit!

KK: Im Paradies

Verwunschener Wald! Verwunschene Arbeit!

KK: Im Paradies

Der Wald, der Böhmer- wald!

KK: Die Glasmeister

Der Wald, der Böhmerwald!

KK: Die Glasmeister

Ringsum
Nebel, Reisig,
schwarze Erde.

KK: Im Paradies

Ringsum
Nebel, Reisig,
schwarze Erde.

KK: Im Paradies

Bis ins Unendliche für viele, viele Meilen.

KK: Der Sohn des Richters

Bis ins Unendliche für viele, viele Meilen.

KK: Der Sohn des Richters

Nur die Stürme sind geblieben.

KK: Pflegling

Nur die Stürme sind geblieben.

KK: Pflegling